땅의 역사

땅의 역사 4

진실과 비밀

초판 1쇄 | 2021년 8월 20일
초판 2쇄 | 2024년 6월 10일

글과 사진 | 박종인

발행인 | 유철상
편집 | 김정민, 김수현
디자인 | 노세희, 주인지
마케팅 | 조종삼, 김소희
콘텐츠 | 강한나

펴낸곳 | 상상출판
출판등록 | 2009년 9월 22일(제305-2010-02호)
주소 | 서울특별시 성동구 뚝섬로17가길 48, 성수에이원센터 1205호
전화 | 02-963-9891(편집), 070-7727-6853(마케팅)
팩스 | 02-963-9892
전자우편 | sangsang9892@gmail.com
홈페이지 | www.esangsang.co.kr
블로그 | blog.naver.com/sangsang_pub
인쇄 | 다라니
종이 | ㈜월드페이퍼

ISBN 979-11-6782-009-9 (03910)

땅의 역사

④

진실과 비밀

글과 사진 박종인

상상출판

일러두기

1. 본문에 등장하는 인물 나이는 2021년 기준의 연 나이로 하였습니다.
2. 본문에 나오는 1895년 이전 연도와 날짜는 음력 기준입니다. 필요할 경우 양력으로 표시한 부분도 있습니다.
3. 인용된 1차 사료 출처는 모두 문장 뒤편 괄호 속에 표기했습니다. 문맥에 맞게 의역한 부분도 있습니다.
4. 단행본·총서·정기간행물에는 겹낫표(『』)를, 인용서에 수록된 글·장·통계자료에는 홑낫표(「」)와 작은 따옴표(" ")를, 노래·미술작품에는 홑화살괄호(〈 〉)를 사용했습니다.
5. 본문에서 반복적으로 사용되는 동일 출처 표기에는 일부 정보 생략이 있을 수 있습니다.
6. 보편적으로 알려진 역사적 사실은 따로 인용 출처를 표시하지 않았습니다.
7. 몇몇 인명과 지명은 외래어 표기법을 따르지 않고 독자들에게 낯익은 발음대로 표기했습니다.

이 책을 읽는 법

책 제목 그대로, 이 땅의 역사에 관한 이야기다. 책을 쓴 나 자신과 이 책을 읽어주길 바라는 독자분들의 몸과 영혼, 물질적 토대와 정신적 기반을 규정하고 있는 역사 이야기다. 그런데 이 책은 수험서로는 불량하고 교양서로는 불온하다. 이 땅에서 벌어진 일들에 대해 잔뜩 삐뚤어진 이야기를 이 책은 담고 있다.

이번에 함께 엮은 3권 제목은 '군상(群像): 나라를 뒤흔든 사람들'이고 4권 제목은 '진실과 비밀'이다. 구체적으로는 조선시대에 벌어졌던 여러 가지 일들에 관한 이야기다. 필터로 맑게 걸러낸 '찬란한 역사'를 우리는 잘 알고 있다. 이 책에서는 그 필터에 남아 있는 찌꺼기들을 보려고 한다. 우리가 무심코 지나쳤거나 혹은 이런저런 이유로 은폐됐거나 왜곡돼왔던 참 많은 군상(群像)들의 민낯을 대면하려고 한다.

3권에서는 이런 사람들에 대해 이야기했다. 폭군 연산군에게 저항했던 시인 어무적. 조선 최고 권력자 숙종에게 쓴소리를 했다가 의연하게 죽은 박태보. 권력자에게 대들지 못하고 오히려 자기 권력을 챙겼던 임사홍과 김자점. 그리고 남들이 우주와 철학을 논할 때 자기는 뽕밭과 부엌에 들어가 농사짓는 기술과 음식 만드는 방법을 연구했던, 그래서 백성이 배불리 지내려면 '흙으로 만든 떡'이 아니라 진짜 쌀로 만든 떡이 필요하다고 했던 서유구. 그런 사람들 이야기를 모아보았다.

저마다 자기 시대를 살며 커다란 발자국과 짙은 그림자를 던진 사람들이다. 그런데 그 발자국과 그림자가 가리키는 방향과 깊이는 매우 다르다. 그 시대를 보다 높은 곳으로 옮기기 위해 노력했던 사람이 있고, 그 시대의 악(惡)과 맞서 선(善)과 정의를 실천하려던 사람이 있다.

청나라에서 인질생활을 했던 자기 아들과 며느리에게 질투와 열등감의 칼을 던져버린 국왕 인조. 불의에 항의하는 평민 의병장을 군령 위반 혐의로 처형해버린 유학자 의병장 류인석과 바야흐로 서울 진공작전 전야에 아버지 사망을 핑계로 고향으로 돌아가버린 또 다른 유학자 의병장 이인영, 그 숱한 의병들을 체포해 일신 영달을 추구한 찌질한 친일파 신응희. 이 비상식적인 인물들 또한 지금 이 글로 인연을 맺은 나와 당신 유전자에 맺혀 있는 역사를 만든 사람들이다.

4권에는 이제까지 잘못 알려졌거나 은폐돼왔거나 혹은 전혀 몰랐던 몇 가지 이야기가 실려 있다. 충남 예산에 있는 홍선대원군 아버지 묘인 남연군묘에 얽힌 이야기가 한 예다. '자기 아들과 손자를 왕으로 만들려고 선친 묘를 이장한 곳'이라는 이야기는 다들 안다. 그런데 그 전설 같은 이야기가 어찌 보면 추사 김정희의 〈세한도(歲寒圖)〉로 연결되고, 거대하게는 일본 메이지유신까지 연결된다면? 서울 경복궁에서 등에 구멍이 뚫린 채 엎드려 있는 석물(石物)의 정체는? 경기도 광주에서 도공(陶工) 39명이 집단으로 굶어 죽은 이유는? 그뿐인가. '조선의 문예부흥'을 상징하는 영조와 정조가 사실은 조선 후기 막장정치를 지휘한 지도자였다면? '가련한 개혁군주 고종'과 그 가족이 실상은 식민시대 내내 총독부로부터 받은 막대한 돈으로 배불리 살았다면? 이런 질문에 대한 답이 들어 있다. 우리가 몰랐던 비밀을 찾아내고, 진실이라고 믿고 있던 역사의 껍데기를 벗겨버리는 이야기들이다.

『땅의 역사』 시리즈를 쓰는 이유와 읽기를 바라는 이유는 1, 2권 서문에 썼으니, 그대로 인용하기로 한다.

우리들은 대개 큰 악에 대해 비겁하고 작은 악에 대해 용감하다. 사실 그 사소한 비겁과 사소한 용기가 이 땅을 지탱하는 상식적인 힘이다. 우리는 상식적이다. 하루 살기 바쁜 우리네 인생이 어느 쯤에 역사에 남을 만큼 소인배적 악을 저지르고, 대인다운 행동을 할 것인가. 다만 우리는 큰 악을 저지른 소인배에 대해 비난할 줄 알고, 큰 선을 행한 큰사람에게 박수를 보낼 줄 안다. 그런 비난과 갈채를 받을 대상들이 이 책 주인공이다.

찬란한 5000년 역사만 알고 있는 우리를 위해 책을 썼다. 역사는 입체적이어서, 찬란하지만도 않고 추잡하지만도 않다. 그 빛과 어둠이 합쳐서 만든 역사 위에 우리가 산다. 앞으로도 우리는 그런 역사를 만들 것이다. 미래 역사는 되도록 찬란함이 더 많았으면 좋겠다. 그러기 위해서는 옛날에 벌어진 추함을 알아야 한다. 그래야 비겁함과 무능, 실리 없는 명분으로 행했던 일들을 반복하지 않을 수 있다. 권력을 잡은 이들로 하여금 그런 추함을 저지르지 않도록 감시할 수 있다.

위대한 배달민족이 남긴 찬란한 역사만을 알고 있는 분들은 심호흡을 하고 페이지를 넘기기 바란다. 소인배의 행태에 분노하다가, 대인(大人)들이 행한 덕행에 위로받기 바란다. 역사는 우리가 우리 손으로 만든다. 이 땅에는 그 역사가 온전하게 남아 있다. 땅은 역사다.

2021년 7월.

차례

2장 진실 - 조작된 신화

혹세무민이, 어이없지 않은가!

3장 진실 - 호란과 사대

그대는 어느 나라 대신인가

차례

4장 진실 - 영정조 흑역사
텅 빈 시대가 있었느니라

5장 진실 - 시대의 갈림길
새 세상을 꿈꿨느니라

1장

비밀

보이는 것이 전부가 아니니라

서울 경복궁 경회루

01 | 저 험한 내포(內浦) 가야산에는 예부터 사연이 많았느니라

남연군묘의 비밀 1
: 황제의 금탑

충남 예산군 덕산면 상가리에 있는 남연군묘. 흥선대원군이 자기 선친 남연군을 연천에서 이장한 자리다. 목적은 '천자(天子) 2명을 낳을 명당을 찾아서'. [내포문화연구소 이기웅]

충남 예산 가야산 앞뒤에 있는 열 고을을 내포內浦라고 한다. 홍주, 결성, 해미, 서산, 태안, 덕산, 예산, 신창, 면천, 당진 같은 마을이 그 내포다. 큰 바다가 내포를 만나면 뭍으로 파고들어 '육지 속 바다'가 된다. 그래서 '내포'다. 바다와 땅이 섞여 있기에 천주교 같은 바깥 문물도 일찍 들어왔고, 비산비야非山非野 산도 아니요 들판도 아닌 충청 땅답지 않게 산도 험준해 산이 품은 사연도 많다. 1623년 인조반정 때 광해군 아들 이지李祬가 도망가려 했던 땅. 구한말 흥선대원군이 자기 선친 묘를 옮겨 기어이 아들과 손자를 천자天子로 만든 땅. 심지어 2020년 소유자가 한 박물관에 무상으로 기증한 추사 김정희의 〈세한도歲寒圖〉와 너무나도 깊은 인연을 가진 땅이다. 인조반정에서 대원군과 〈세한도〉까지, 그 사연 이야기다.

광해군 세자 이지의 탈출극

1623년 3월 13일 능양군 이종이 광해군을 몰아내고 왕위에 올랐다. 광해군이 죽였던 이복동생 영창대군의 어머니 인목대비는 경운궁에 유폐 중이었다. 그녀는 모시러 온 반정 세력에게 이렇게 말했다. "내 친히 그들 목을 잘라 망령에게 제사하고 싶다."(1623년 3월 13일 『인조실록』) 반정 세력이 겨우 뜯어말려 참극은 벌어지지 않았다. 광해군과 왕비는 강화도로, 그 아들인 세자 이지 부부는 부속 섬 교동으로 유배당했다.

두 달 뒤인 5월 22일 밤, 이지가 땅굴을 파고 도망가다가 체포됐다. 땅굴 길이는 70척(21m)이나 됐다. 이를 위해 세자는 보름이 넘도록 물 한 모금 마시지 않고 몸을 줄였고, 세자가 굴을 파면 세자빈 박씨가 그 흙을 받아 방에 쌓았다. 체포된 세자는 6월 25일 자진自盡 명을 받았다. 자살하라는 명이다.

그는 목을 매고 죽었다. 세자빈도 남편 체포 사흘 만에 목을 매 죽었다.(1623년 5월 22일 등『인조실록』)

그런데 함께 체포된 하인 막덕莫德은 이렇게 증언했다. "(세자가) 바로 도망쳐 나와 마니산摩尼山으로 가려다가 가야산伽倻山으로 방향을 돌렸습니다." 그러니까, 최종 목적지가 충남 예산에 있는 가야산이라는 것이다. 왜 가야산인가. 이유가 있었다.

"어제 모두 가야사에 모였다. 가야사는 지금 동궁의 원당이다. 궁중 노비라는 자가 막 와서는 양반에게 욕질을 해댔다. 그래서 돌아왔다(昨日會伽寺 今爲東宮願堂 所謂宮奴者方來 辱極兩班 故還也·작일회가사 금위동궁원당 소위궁노자방래 욕극양반 고환야)."(조극선,『인재일록』, 1620년 10월 1일)

양반들이 승려들을 천민 취급하던 그때, 조극선이라는 예산 양반이 가야산 가야사에 놀러 갔다가 혼쭐이 나고 돌아왔다는 일기다. 여기에 '지금 동궁의 원당願堂'이라는 말이 나온다. 가야사가 훗날 왕이 될 세자의 안녕을 비는 절이라는 뜻이다. 왕실 원찰이 되면 그 절은 막강한 지역 권력이 된다. 절은 세금을 면제받고 부역 또한 면제된다. 천대받던 절집 사람들과 지역 양반들 신세가 완전히 역전되는 것이다. 넉 달 뒤 조극선이 다시 가야사에 가보니 거기에는 하늘 높이 '동궁원당東宮願堂'이라는 금표禁標가 걸려 있었다.(『인재일록』, 1621년 2월 30일)

그때 동궁이 훗날 왕이 된 광해군 세자 이지였다. 그러니까 2년 뒤 세자 자리에서 쫓겨난 그 원찰의 주인, 세자 이지가 '가야산'을 목적지로 정하고 탈출

극을 벌인 것이다.

인조반정 세력과 몰락한 가야사

　가야사는 '본궁本宮의 원당이랍시고 양반을 능멸하던'(『인재일록』, 1621년 11월 24일) 기세등등한 절이었다. 그 절이 인조반정 7개월 뒤인 1623년 10월 17일 '절집은 텅 비고 승려들은 모두 숨어버리는' 완전히 조락한 절로 변해버렸다. 가야사를 들볶아 종이를 공급받던 양반들은 임박한 과거 시험에 쓸 종이를 마련하지 못해 달아난 승려를 잡으러 돌아다닐 정도로 대혼란에 빠졌다.(『인재일록』, 1623년 윤10월 6일) 조선시대 절과 승려들은 사대부와 정부에서 사용하는 종이를 만들어야 했다. 종이 만드는 이 지역紙役을 피해 달아나기도 했지만, 쿠데타로 왕이 바뀌고 옛 왕 아들이 자살 '당한' 이유가 더 컸을 것이다.

백제시대 공주에서 당진으로 가는 상기리 옛길 미륵불. 가야사가 불탈 때 돌아섰다는 전설이 있다.

이후 가야사는 몰락했다. 1700년대 문인들이 쓴 가야산 답사기에는 '가야사' 대신 '묘암사妙巖寺'라는 절이 나온다. '옛날에 묘암사는 가야사에 속했다. 가야사가 훼손된 이후 그 이름을 사칭 중이다. 불당 뒤 언덕에 층계가 77계단이 있고, 그 위에 석탑 하나가 우뚝 솟았다. 지세가 쥐 달아나는 형국이라 언덕에 탑을 세워 쥐를 눌렀다고 한다.'(이철환,『상산삼매象山三昧』, 1753)

흥선대원군의 야심과 석탑

100년 뒤 바로 그 가야산 절집에 흥선대원군이 선친인 남연군 상여를 들고 나타나 절을 부수고 선친 묘를 이장했다. 사연은 이러하다.

"가문 부흥을 염원하던 흥선군 이하응에게 정만인이라는 지관이 '가야산 가야사 석탑 자리에 묏자리를 쓰면 2대에 걸쳐 천자가 나온다'고 귀띔했다. 이에 대원군이 전 재산을 털어 가야사 주지를 2만 냥으로 매수한 뒤 가야사를 불 질러버리고 석탑을 도끼로 부순 다음 그 자리에 묘를 옮겼다. 형제들이 악몽을 꾸고서 석탑 부수기를 주저하자, 이하응이 직접 도끼로 내려쳐 탑을 없앴다. 그리하여 13년 뒤 아들 명복과 손자 척이 왕이 되었다, 운운."

지금도 풍수학을 공부하는 사람들이 즐겨 찾는 예산 남연군묘 역사는 그러하였다. '하늘을 찌르던 외로운 탑'(송인宋寅(1516~1584),『이암유고』,「孤塔撑天·고탑탱천」)은 '백 척 누대 위에 깨진 채 서 있다가'(百尺危臺破塔留·백척위대파탑류: 임방任埅(1640~1724),『수촌집』) 권력을 염원한 중년 사내 손에 의해 완전히 사라지고 말았다. 남연군묘에서 남쪽 개울가 숲을 '남전南殿'이라 부른다. 남쪽에 있는 전각이라는 뜻이다. 예산 토박이인 가야산역사문화연구소장 이기웅에 따르면 연전에 땅속에서 폭삭 주저앉은 서까래와 기와가 나왔다.

자, 그러니 대원군이 부순 절은 가야사가 아니라 묘암사다. 그리고 석탑 또한 전설 속 허구가 아니라 실제로 존재했던 탑이다. 하나 더 있다. 대개 남연군묘에 대해 대원군이 선친 묘를 이장한 해를 '고종이 왕이 되기 13년 전'인 1850년이라고 설명한다. 그런데 남연군묘 입구에 있는 비석에는 역사적 진실이 기록돼 있다.

'처음 마전 백자동에 장사 지냈다가 바로 연천 남송정에 이장하고 을사년에 덕산 가야산 북쪽 기슭에 이장했다가 병오 3월 18일 드디어 중록 건좌한 언덕에 면례하였다.'

이미 대원군은 연천에서 선친을 한 차례 이장한 뒤 을사년(1845년) 가야산 북쪽에 이장하고 이듬해에 지금 자리에 묘를 썼다는 뜻이다. 을사년에 첫 이장을 한 자리를 주민들은 '구광터(구광지舊壙址)'라 부른다. 옛 무덤 자리라는 의미다. 남연군묘에서 400m 북동쪽 산기슭 밭이다. 가야산역사문화연구소장 이기웅은 "할아버지의 할아버지부터 구광터라 불렀다"고 했다.

왜 처음부터 석탑 자리에 옮기지 않았을까. 이기웅이 말했다. "묘암사와 주변 주민들과 땅 문제를 협상하는 시기였을 것이다. 그러다 마지막 남은 절을 불태웠고." 잘 계산된 일정에 맞춰 이장을 했다는 뜻이다. 그러니 '만세 권력을 누린다는 지관 말에 있는 돈 없는 돈 탈탈 털어서 급히 가야사라는 대찰大刹을 방화하고 주민을 내쫓았다'는 대중매체와 공식 안내문은 수정돼야 마땅하다.

남연군묘 주변 가야산 곳곳에 서 있던 표석 '李山(이산)'. 가야산역사
문화연구소장 이기웅은 일제강점기 이왕직(李王職) 소유 산을 뜻한
다고 추정한다.

18세기까지 석탑은 '층마다 작은 부처가 있었고 돌 틈에 쇳물을 부어 비바
람이 불어도 무너지지 않았다.'(이의숙(1733~1805), 『이재집』 권4, 「가야산
기」) 탑 자리에 지금 큰 무덤 하나 앉아 있다.

풍수를 논하지 않아도, 남연군묘 풍경은 압도적이다. 땅에서 보면 아늑하
고 하늘에서 보면 웅장하다. 산줄기가 끝나는 언덕에 나무를 다 베고 묘를 썼
으니, 언덕 전체가 왕릉처럼 보인다.

21세기 남연군묘

내포 땅에는 일찌감치 불교가 융성했다. 삼국시대에 당나라로 가는 항구 당진항으로 가는 길이 예산을 지났다. 공주에서 당진까지 가는 산속 옛길에는 미륵불이 곳곳에 서 있다. 남연군묘가 있는 상기리 마을 옛길에도 미륵불이 서 있다. 숲으로 들어가는 서쪽을 보고 있다. 남연군묘에 대한 전설에는 "절을 불태우던 날, 탑을 바라보고 있던 돌부처가 돌아섰다"라는 내용도 있다. 하지만 그 숲속에 웅거할지도 모를 산적과 산짐승으로부터 행인을 지키려는 비보裨補 석불로 봐야 한다. 전설과 신화와 사실史實과 동화가 섞여서 사람들을 유혹하지만, 언제나 사실은 전설을 앞서는 법이다.

예산 마을 사람들 집에는 '이산李山'이라 새겨진 표석이 눈에 띈다. 이기웅이 말했다. "우리 아버지가 이장을 했는데, 땅문서에 소유주가 '이왕직李王職'인 땅이 그렇게 많았다. 나는 사람 이름인 줄 알았다." 이왕직은 식민시대 전주이씨 왕실 재산을 관리하던 법인이다. 이기웅은 그 '이산' 표석이 이왕직 재산을 알리는 안내석이라고 믿고 있다. 망해버린 옛 왕실 땅이 예산에 그리 많았다.

그런데 끝이 아니다. '근래 이하응이 덕산현에 묏자리를 살피러 갔다가, 고려 옛 탑에서 용단승설龍團勝雪 네 덩이를 얻었다. 내가 하나를 얻어 간직하였다.'(이상적李尚迪, 『은송당집恩誦堂集 속집』, 「기용단승설」: 정민·유동훈, 『한국의 다서』, 김영사, 2020, 재인용) 용단승설은 송나라 때 명차名茶다. 700년 전 명차가 이 탑에서 나왔다는 것이다. 이제 이야기는 추사 김정희의 〈세한도〉로 이어진다. [땅의역사]

02 | 석탑 속 700년 묵은 명차를
추사에게 선물했다네

남연군묘의 비밀 2
: 〈세한도〉를 그린 암행어사 김정희

충남 예산군 대산사거리에는 순조 때 충청우도 암행어사였던 추사 김정희 공덕비가 서 있다. 제자 이상적은 훗날 '남연군 묏자리 석탑에서 구한 송나라 명차를 내가 얻었다'라고 적었다.

두 영세불망비 이야기

청나라 연호로 도광 6년 7월 어느 날 충청우도(지금 충남과 얼추 비슷하다) 보령군 남포현 주민들이 현감을 위해 영세불망비永世不忘碑를 세웠다. '도광 6년'은 순조 26년인 1826년이다. 날짜를 기억해둔다.

그 현감 이름은 성달영成達榮이다. 영세불망비는 '은덕을 영원토록 잊지 못한다'는 뜻을 담은 비석이다. 석 달 전인 4월 6일 충청감사 김학순金學淳이 "남포현감 성달영이 세금을 잘 거둬 지극히 가상하니 상을 달라"고 이조에 보고서를 올렸다.(1826년 4월 6일 『승정원일기』) 이 대단한 사또 비석은 남포읍성 입구에 서 있다.

충남 서산시 대산종합시장 건너편 산기슭에도 비석들이 서 있다. 주소는 대산읍 대산리 1365-8번지다. 계단 위 맨 오른쪽 비석은 1826년에 충청우도를 다녀간 암행어사 영세불망비다. 그가 행한 공덕이 적혀 있는데, 그 가운데한 줄이 '영방가렴永防加斂', 즉 '가렴주구가 더함을 영원히 막아줌'이라는 뜻이다. 세운 날짜는 1826년 9월이다.

그해 6월 24일 암행어사가 올린 보고서에는 충청우도 수령 59명의 이야기가 나온다. 이 가운데 남포현감 대목이 굉장히 길다. 그런데 첫 문장만 보면나머지는 읽을 일이 없다.

'남포현감은 밤낮으로 오로지 자기 배를 채울 생각만 한다(晝宵一念只在肥己·주소일념지재비이).'(1826년 6월 24일 『일성록』)

기상천외한 방법으로 세금을 과도하게 거둔 뒤 남는 논은 싹 챙겨 먹는, '법

무시하기로는 있어서는 아니 될 부류'라는 것이다.

이 남포현감이 바로 주민들이 한 달 뒤 영세불망비를 세워준 그 성달영이다. 현장에서 '봉고파직' 되고 조정에 보고서가 올라가고 나서도 부득부득 주민들을 들볶아 기어이 공덕비를 움켜쥐었다. 그 파렴치한 가렴주구 행각이 일마나 극심했는지 짐작하고 남는다. 그해 5월 암행어사가 그 비리를 적발해내자 충청감사 김학순은 "(포상을 신청했던) 남포현감이 현장에서 봉고파출封庫罷黜됐다"고 조정에 급전을 올려야 했다. 물정 모르는 감사가 포상 신청을 올리고 한 달 뒤 어사가 들이닥쳐 현청 금고를 잠가버린 뒤 현감을 파면하고 품계 또한 강등해버렸다(봉고파직)는 뜻이다.(1826년 5월 21일『승정원일기』) 19세기 초였다. 탐학에 질린 농민들이 팔도에서 죽창을 들던 민란의 시대였다. 보고서 다음 날 충청우도 대소 수령 12명이 처벌을 받았다.

탐관오리를 소탕해버린 이 암행어사 이름이 김정희, 〈세한도〉를 그린 그 추사 김정희다. 김정희는 그해 2월 20일 순조로부터 암행어사 임명장을 받고 '백십여 일 동안 읍내와 저자의 중요한 곳과 산골짜기와 도서지방 외진 곳까지 두루 찾아다니며' 민정을 살폈다.(김규선, 「새로 발굴된 추사 김정희의 암행보고서」,『한민족문화연구』38집, 한민족문화학회, 2011)

김정희 손에 들어간 남연군묘 명차(名茶)

김정희는 재주 많은 예술가요 학자였고 유능하고 꼼꼼한 행정가였다. 2020년 소유자가 국립중앙박물관에 기증한 〈세한도〉는 1844년 김정희가 제주도에 유배됐을 때 그린 대표작이다. 글씨는 말할 필요도 없다. 북한산 꼭대기에 있는 신라 진흥왕순수비 정체를 밝혀낸 금석학 전문가이기도 했다(김정

충남 예산 덕산면에 있는 남연군묘(위), 남포읍성 비석군(아래)

1826년 7월 건립된 남포현감 성달영 영세불망비(왼쪽)와 그해 9월
건립된 어사 김정희 영세불망비(오른쪽)

희는 자기가 이 비석 정체를 밝혔노라고 손수 또박또박 '김정희 다녀간다'라
고 두 번이나 비석에 낙서를 새겨 놓았다).

그런데 어느 날 김정희가 자기 벗에게 편지를 쓴다. '송나라 때 만든 소룡단
小龍團 한 덩이를 얻었다. 기이한 보물이다. 와서 보고 싶지 않나?'(정민, 『새로
쓰는 조선의 차 문화』, 김영사, 2011) 1852년 12월 19일 다반茶伴 초의선사에
게 보낸 편지다. 함경도 북청 유배 생활을 마치고 경기도 과천에 자리를 튼 해
다. '소룡단'은 송나라 때 명차다. '용단승설'이라고도 한다. 700년 전 송나라
때 황실 진상 차가 손에 들어왔다는 말이다. 도대체 어떻게?

'홍선대원군이 덕산현에 묏자리를 보러 갔다가 고려 옛 탑에서 용단승설 네 덩이를 얻었다. 내가 하나를 얻어 간직하였다.'(이상적,『은송당집 속집』, 「기용단승설」: 정민·유동훈,『한국의 다서』, 김영사, 2020, 재인용)

이 글들을 읽어보면 이상적이라는 사람이 홍선대원군으로부터 용단승설을 얻었고, 그 차가 김정희 손에 들어갔다는 뜻이다. 〈세한도〉 그림 오른쪽 상단에는 이렇게 적혀 있다. '우선시상藕船是賞', '우선 보시게나.' 우선藕船은 이상적의 호다. 이상적은 비가 오나 눈이 오나 김정희를 스승으로 모셨던 사람이다. 그 착한 제자에게 김정희가 그려준 그림이 〈세한도〉다. 그리고 그 이상적이 대원군으로부터 기이한 보물 '용단승설'을 얻었다는 것이다. 700년 된 송나라 차와 〈세한도〉와 김정희. 마치 기차와 고등어처럼 연결될 수 없는 사물과 사람을 연결해주는 곳이 내포요, 남연군묘다.

남연군묘와 송나라 차 '용단승설'

이상적은 순조 때 역관이자 시인이다. 그의 문집『은송당집 속집』에는 「기용단승설記龍團勝雪(용단승설을 기록함)」이라는 글이 들어 있다. 앞서 말했듯, 이 글에 홍선대원군이 남연군 묏자리에 있던 탑에서 용단승설 네 덩이를 구했다는 내용이 나온다.

이상적에 따르면 탑에서 나온 차는 '표면에 용을 만들어 넣었고 옆에는 승설勝雪 두 글자가 음각돼 있었다. 사방 한 치에 두께는 절반이었다.' 지금 우리가 흔히 작설차라 부르는 엽차葉茶가 아니라 '덩어리' 차다. 이 덩어리를 떼서 차 맷돌로 곱게 갈아 물에 타서 마시는 농차濃茶다. 농차는 송나라 때까지 중

김정희가 제자 이상적에게 준 〈세한도〉(부분). 오른쪽 위 제목 옆에는 '藕船是賞(우선시상)', '우선 보시게나'라고 적혀 있다. '우선'은 이상적의 호다. [국립중앙박물관]

국에서 흔했던 다도였고, 고려에서도 유행했던 다도였다.

　매천 황현 또한 이 에피소드를 『매천야록』에 기록해놓았다. 1866년 오페르트 일행이 남연군묘를 도굴하려다 달아난 이야기 끝부분이다. '대원군이 이건창에게 장례 치른 이야기를 해주며 "탑을 헐고 보니 그 속에 백자 2개, 덩어리차(단차團茶) 2병, 사리 3개가 있었다"라고 말했다.'(황현, 『매천야록』 권1 上, 18. '보덕사 창건')

　왜 그런 귀한 차가 탑 속에 있었을까. 가야사와 관련된 이상적 글에 이런 부분이 있다. '고려승 의천과 지공, 홍경 무리가 앞뒤로 경전을 구하려고 송나

라를 계속 왕래했다. 이들이 다투어 이름난 차를 구입해 불사佛事에 바쳤고, 심지어는 석탑 안에 넣어두기까지 했다.' 왕실 원찰이기도 했던 가야사를 창건할 때, 그 창건주들이 그 귀한 차를 탑에 봉양했다는 뜻이다. 탑에서는 작은 동불銅佛과 니금경첩泥金經帖(금으로 쓴 경전첩), 사리와 침향단, 진주도 함께 나왔다. 그리고 그 차 한 덩이를 대원군이 자기에게 줬다는 것이다.

이상적과 〈세한도〉

이상적은 김정희의 제자. 스승 김정희는 벼슬살이 기간 유배를 두 번 당했다. 제주도에 한 번, 그리고 함경도 북청에 한 번. 1840년 제주 유배 기간은 9년이었다. 두 차례 유배 동안 물심으로 뒤를 돌봐준 사람 가운데 제자 이상적이 있었다.

직업이 역관인지라, 이상적은 북경에 드나들며 귀한 책을 스승에게 보냈다. 1844년 유배 생활 5년째, 이상적이 『황조경세문편皇朝經世文編』이라는 120권짜리 책 전질을 스승에게 선물했다. 그 감동과 고마움에 그려준 그림이 〈세한도〉(1844년)다. 제자는 선물 받은 그림을 북경으로 가져가 명사들로부터 감상문을 받아 그림 뒤에 덧붙였다. 사진(p32-33) 왼쪽에 그 글들이 그림보다 더 길게 붙어 있다.

〈세한도〉, 용단승설 그리고 김정희

그런데 인연은 거기서 끝이 아니었다. 1848년 제주 유배에서 풀려난 김정희는 또 3년 뒤 1851년 철종 2년에 함경도 북청으로 유배를 당했다. 그때 나이가 예순다섯 살이었다.

늙은 나이에 유배 생활을 하는 스승이, 이 극진한 제자는 몹시 안타까웠을 것이다. 그때 스승에게는 호號가 여럿 있었는데, 그 가운데 하나가 '승설'이었다. 스물세 살 때 북경에서 맛본 용단승설차를 잊지 못해 스스로 지은 호였다. 유배에 지친 그 승설 스승에게 제자 이상적이 자기가 간직하고 있던 용단승설차를 선물한 것이다. 김정희는 이듬해 유배에서 풀려난 뒤 차를 함께 즐기던 초의선사에게 "송나라 때 만든 소룡단(송제소룡단宋製小龍團)을 얻었다"라고 자랑했다.

일본 후지타미술관(藤田美術館) 소장 고이도다완(古井戸茶碗). 말차를 마시는 잔이다. 조선에서는 찻잎을 우려 마시는 엽차가 주류였다.

조선에 없는, 다완(茶碗)의 비밀

결론을 내리면, 천하의 대원군과 천하의 역관과 천하의 행정가 겸 예인藝人이 하나같이 뻐길 정도로 귀한 차가 충청우도 덕산현 산골짜기 사찰 탑에 700년 동안 숨어 있었다. 그 예인은 한때 충청우도를 휩쓸며 탐관오리를 벌벌 떨게 만든 암행어사였고.

그런데 이상하다. 조선에서는 농차가 아니라 엽차를 마셨다. 청나라 또한 조선과 같은 엽차가 주류였다. 엽차를 마시는 다기는 작은 찻잔과 주둥이가 작은 주전자들이다. 용단승설차 같은 농차를 마시는, 입 넓은 다완茶碗은 지금도 보기 드물다. 농차용 다완은 바다 건너 일본에서 더 많이 발견된다. 도요토미 히데요시가 애지중지했던 이도다완井戸茶碗이 그 예다.

왜? 비밀은 명나라 태조 주원장이 1391년 내린 칙령에 숨어 있다. "백성 노동이 과중한 용단차 제조를 금지한다(以重勞民力罷造龍團·이중로민력파조룡단)."(1391년 9월 16일 『태조고황제실록』) 석탑에서 암행어사로, 어사에서 그림으로 가던 비밀통로가 이제 명나라로 간다. 땅의 역사

03 | 明 황제가 말차를 금하니
훗날 일본이 도자기로 일어서더라

남연군묘의 비밀 3
: 주원장의 용단차 금지령과 나비효과

폭군 주원장과 문자옥(文字獄)

명 태조 주원장朱元璋은 한족이다. 1368년 남송이 망한 지 89년 만에 한족이 중원을 차지했으니 소위 중화中華 부활 의지가 활활 불탔다. 새 나라 기강 잡는 데는 악랄할 정도로 지독했다. 개국공신을 포함해 자기 정책에 반대하는 자들은 낱낱이 숙청해버렸다. 숙청할 때는 허리를 자르고(요참腰斬), 사지를 찢고(거열車裂), 사람을 산 채로 겉을 데친 뒤 피부를 쇠빗으로 벗겨내(소세梳洗) 죽이곤 했다. 조정 신하와 사대부는 그를 폭군이라고 불렀다.

주원장은 거지였다. 굶다 못해 머리 깎고 절로 간 탁발승이었다. 절도 주리긴 마찬가지라 마침내 주원장은 홍건적에 가담해 두령이 되었다. 그러다 황제가 되었으니, 주원장은 동서고금에 개천에서 솟아오른 대표적인 용이다.

그 용이 가장 혐오한 글자가 승려의 '승僧'이었고, 홍건적의 '적賊'이었고 도적의 '도盜' 자였다. 「조야이문록朝野異聞錄」에 따르면 주원장은 상소문에 이 세

강원도 홍천에 있는 가평요에서 다인(茶人) 김자인이 말차를 시연 중이다. 찻잎을 우려 마시는 엽차와 달리, 말차는 고운 차 가루를 타서 마신다.

글자는 물론 발음이 비슷한 '생生', '즉則', '도道' 자를 쓴 자들은 모두 죽였다.(조익,『이십이사차기二十二史箚記』32, 「명사明史」) 이를 '문자옥文字獄'이라 한다.

'군주가 신하를 흙이나 티끌처럼 여기면 신하는 군주를 원수처럼 여긴다(君之視臣如土芥 則臣視君如寇讎·군지시신여토개 칙신시군여구수)'고 적힌 『맹자孟子』를 읽다가 "이 미친 노인이!" 하며 80군데가 넘는 부분을 삭제한『맹자절문』을 과거 과목으로 삼기도 했다.(『명사』, 열전 27, 「전당전錢唐傳」 등) 관료와 선비 할 것 없이 주원장을 폭군이라 불렀다.

명 태조 주원장. 기괴하게 생긴 용모는 '하늘이 내린 영웅'을 뜻하는 '용을 닮은 형상'이다. [타이완 국립고궁박물원]

성군 주원장과 기괴한 초상화

민간에서는 그를 명군이라 불렀다. 그들에게 주원장은 부패를 척결하고 치수治水와 개간으로 생활을 안정시킨 군주였다. 주원장은 초상화를 굉장히 많이 남겼는데, 대부분 생김이 기괴하다. 이마와 턱이 튀어나오고 점투성이다. 기록에는 그가 '기이한 뼈가 정수리에 튀어나왔다(기골관정奇骨貫頂:『명사』,「태조본기」)'라고 돼 있지만 이 정도는 아니다. 많은 학자들은 민화풍으로 그려진 이 기괴한 초상화를 '과장된 오악조천五嶽朝天(귀한 관상) 저룡豬龍(돼지처럼 생긴 용)형'을 뜻한다고 추정한다. 하늘이 내린 존재요, 평생 부귀영화를 누릴 상이라는 것이다. 상류사회에 잔학했던 그가 평민들에게는 부럽고 존경스러운 존재로 비친 것이다.

거지 출신 황제의 단차 금지령

나라를 세우고 23년이 지난 뒤, '하늘에서 내린' 그 황제가 칙령을 내린다. "백성을 심하게 부려먹는 용단차 제조를 금지한다(以重勞民力 罷造龍團·이중로민력 파조룡단)."(1391년 9월 16일『태조고황제실록』)

용단차가 무엇인가. 이게 바로 '용단승설'이다. 바로 홍선대원군이 충남 예산 남연군묘 자리에 있던 탑 속에서 발견한 그 차다. 대원군으로부터 한 덩이를 얻었던 역관 이상적은 '사방 한 치요 절반 두께에 위에는 용이 그려져 있다'고 기록했다.(이상적,『은송당집 속집』,「기용단승설」) 청나라 백과사전인『사고전서四庫全書』에 똑같은 그림이 그려져 있다.

찢어지게 가난했던 전직 탁발승, 전직 마적 두령이 황명으로 용단차 제조를 금한 이유가 있을 것이다. 그리고 이 금지령이 먼 훗날 홍선대원군과 이상적과 김정희를 흥분시킨 원인이었고.

사치와 노동의 극, 말차

'황실에 진상하는 차는 4,000여 가지인데, 복건성과 건녕성 차가 상품이었다. 옛날에는 이를 모두 분쇄하고 은판으로 눌러 크고 작은 용단을 만들었다. 백성이 힘들다 하여 태조가 이를 없애고 오로지 차싹(차아茶芽)만 따서 바치라 하였다.'(『명사』, 志56, 「식화食貨」4)

용단차는 가루차다. 말차抹茶는 가루차다. 입이 넓은 다완에 차 가루를 넣고 뜨거운 물을 부은 뒤 대나무로 만든 다선茶筅으로 거품을 일으켜 마신다. 찻잎을 우려서 내는 엽차와 달리 부드러운 거품과 진한 맛 그리고 명징한 차 색깔이 일품이다. 말차를 마실 때는 차를 내는 다완을 감상하며 품평을 한다. 녹색 찻빛이 다완에 비치면 또 다른 색이 나오니, 이 또한 말차를 즐기는 사람들이 조목조목 따지는 음다법이다. 거품을 얼마나 곱게 내느냐에 따라 차 솜씨가 달라지니, 송대宋代에는 이 거품 내기를 겨루는 투다鬪茶 대회가 열릴 정도였다.

한마디로, 사치의 극을 달린 차요, 말차 다인 김자인에 따르면 "쓸데없는 것들의 총체"였다. '쓸데없는'이라는 말은 '예술적'이라는 말과도 같다.

귀족들이 그 쓸데없는 미학을 즐기기 위해 백성은 죽을 고생을 했다. 찻잎을 따서 말리고, 이를 분쇄해 떡처럼 덩어리를 만들고, 그 위에 은판으로 문양을 찍는 중노동이었다. 그 중노동을 거렁뱅이 출신 빈민 주원장이 눈으로 보고 몸으로 겪었다. 그러니 차 맛이 날 턱이 없었다. 황제는 잔학한 숙청으로 20년 건국 작업을 마무리한 뒤 그 말차를 없애버린 것이다.

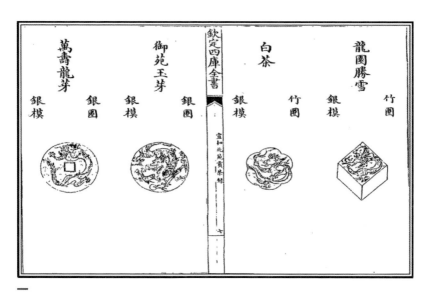

『사고전서(四庫全書)』에 기록되어 있는 용단승설차 그림이다.

국법으로 말차가 금지되자 명나라 상류사회는 신속하게 엽차로 취향을 바꿨다. 엽차 또한 제조법이 발전하면서 명차가 속속 나왔다. 결국 명나라 백성은 새로운 차를 진상하기 위해 또 허리를 굽혀야 했다. '물고기가 살찌면 내 아들을 팔아야 하고 차가 향기로우면 내 집이 파산 나니 이 넓은 하늘은 어찌 이리도 불인不仁한고?'(한방기韓邦奇, 『차가茶歌』: 박영환, 「명차의 발전 과정」④, 『불교저널』, 2017년 8월 1일, 재인용) 민중에게 차는 고통이었다.

조선에서 사라진 말차

송, 원 제국과 운명을 같이한 고려 귀족들 또한 말차를 즐겼다. 차를 만들어 진상하는 부락 다소茶所가 있었는가 하면 왕이 행차를 할 때 찻물 끓이는 행로 군사가 동행할 정도로 차 문화가 발달했다. 성종은 제사를 지낼 때 직접 맷돌에 차를 갈았고(『고려사』, 「최승로 열전」), 절에서는 차 끓이기를 겨루는 '명전茗戰' 풍속이 유행했다.(정미숙, 「한·일 말차 다례법 고찰」, 목포대학교 박사논문, 2018) 명전은 송나라 투다 행사와 비슷했을 것이다.

그런데 명나라 건국 30년 뒤 건국한 조선에서는 이 말차 문화가 급속히 사라졌다.

1598년 임진왜란 때 명군 사령관으로 왔던 양호가 선조에게 이렇게 물었다. "귀국에는 차가 있는데 왜 채취하지 않는가?" 선조가 이리 답했다. "우리나라는 풍습이 차를 마시지 않는다(小邦習俗 不喫茶矣·소방습속 불끽다의)."(1598년 6월 23일 『선조실록』)

조선 예법을 완성한 김장생(1548~1631)의 『가례집람』에는 이런 구절이 나온다. '옛날 사람들은 차를 마실 때 분말을 만들어서 타 마셨는데 오늘날은 찻잎을 달여서 마신다. 제사 때 가루차를 내는 것은 옛 풍습을 보존하고자 함이다(存舊也·존구야).' 이미 조선 전기에 말차 문화가 골동품 정도로 희미하게 남았다는 뜻이다.

임진왜란이 끝나고 성리학적 사회가 완성된 이후 말차는 부활하지 못했다. 말차를 즐기던 불교는 산속으로 숨었다. 소위 '실학시대' 18세기가 오면서 차 문화가 사대부 사이에 부활했다. 그 무렵 청나라를 왕래한 관료들 가운데 기록으로만 내려오던 말차를 맛본 사람들이 나타났으니, 추사 김정희가 그 대표 인사였다.

일본 국보 천목다완과 이도다완

송나라 때 말차를 즐기던 대표적인 다완은 '천목다완天目茶碗'이다. 두꺼운 유약 발색과 차 색이 결합한 미학이 일품인 다완이다. 유약에 포함된 금속 성분은 가마 속에서 불과 만나 화려한 색으로 둔갑한다.

복건성 요지에서 만든 이 다완은 절강성 천목산天目山에 있는 사찰 행사에 쓰였다. 그 다완을 중국으로 유학 갔던 일본 승려 에이사이榮西가 일본으로 가져갔다. 이후 송은 망하고 원이 들어서고, 원도 망하고 명이 들어섰다. 말차는 사라졌다. 그런데 일본에서는 이 다완과 말차 문화가 크게 융성했다.

화려한 가마쿠라 막부시대(1192~1333)가 끝나고 무로마치 막부에 이어 피비린내 나는 전국시대가 도래했다. 그때 일본 다선茶仙인 승려 센노 리큐千利休는 소위 '와비사비(차적侘寂)'한 차 문화를 제창했다. 화려한 문화 대신 적요하고 소박한 미학을 추구하자는 것이다. 그 무렵 조선을 왕래하던 일본 승려 눈에 띈 다완이 조선 경상도 지역에서 나온 사발이다. 아직 용도가 불명인 이

사발들이 승려들을 통해 일본으로 흘러가면서 와비사비 미학에 최적인 다완이 되었다.

　전국시대를 마감한 도요토미 히데요시는 1592년 임진왜란과 1597년 정유재란을 통해 조선 도공을 대거 끌고 갔다. 이들은 그때까지 도기밖에 만들지 못하던 일본 요업 산업이 자기 수준으로 급성장하는 큰 계기가 됐다. 전쟁 종료 후 부산 초량에 설치한 왜관에서 조선 도공을 고용해 직접 다완과 각종 기물을 주문생산하기도 했다. 그 무렵 조선에서 건너간 다완 가운데 '이도다완' 1점은 일본 국보로, 3점은 중요문화재로 지정돼 있다. 남송 때 만든 천목다완들 가운데 5점이 국보로, 6점이 중요문화재로 지정돼 있다.('일본 국가지정문화재 데이터베이스') (그러니까 세간에 떠도는 '조선 막사발이 일본 국보'라는 말은 남송 작품이 무더기로 일본 국보라는 사실을 외면한, 절반의 진실이다.) 일본이 만든 '천목다완'이라는 단어는 국제적 통용어가 됐다.

말차를 담은 천목다완을 위에서 본 모습과 옆모습(가평요 청곡 김시영 작품)

메이지유신으로 연결된 금지령

'역사는 나비가 만든다.' 북경에서 펄럭인 나비 날개가 일본을 움직였다는 뜻이다. 말차에 대한 집착은 다완에 대한 집착을 불렀고 다완에 대한 욕심은 전쟁을 통해 다기 원천 기술자들을 조선에서 폭력적으로 데려가도록 만들었다.

조슈번으로 끌려간 도공 이작광은 훗날 조선으로 돌아와 동생 이경을 데리고 조슈로 돌아갔다.(서로 다른 시기에 다른 곳으로 끌려갔다가 일본에서 재회했다는 논의도 있다: 노성환, 「일본 하기의 조선도공에 관한 일고찰」, 『일어일문학』 47권, 대한일어일문학회, 2010)

조선에서 천민에 불과하거나 천민 취급받았던 이들은 사무라이 신분으로 자기를 만들었다. 포로가 된 도공들은 조선 정부의 귀환 요구에 응하지 않았다. 형제는 일본 다기 명가인 하기시 하기야키의 원조가 되었다. 이경의 후손들은 사카모토 고라이자에몬坂本高麗左衛門이라는 이름으로 지금도 다기를 만든다. 첫 조상 이경의 작품도 보관 중이다.

일본 하기야끼 원조인 조선 도공 이경이 만든 다완(17세기)

조선 도공을 끌고 간 조슈, 사가, 사쓰마 3개 번은 경쟁적으로 자기를 만들었다. 1867년 파리 만국박람회에 참가한 사가번은 가지고 갔던 자기를 완판하고 그 돈으로 군함을 사 왔다. 일본 문화가 유럽에 퍼지며, 그때까지 자기 후진국이던 독일이 자기를 대량으로 생산하는 기술을 개발했다. 그러자 사가번은 독일 과학자 고트프리트 바그너Gottfried Wagner를 초빙해 그 기술을 역수입했다. 안료도 발색이 뛰어나고 저가인 산화코발트를 받아들였다. 자기업이 '요업 산업'이 된 것이다. 메이지 정부는 재래 산업인 자기 수출 확대를 목표로 사가번에 대한 원조를 아끼지 않았다.(아쿠쓰 마리코, 「19세기 후반 이마리야키 생산에서 유럽의 영향」, 알자스 일·유럽 지적 교류 사업 일본 연구 세미나『메이지보고서』, 2014)

일본 근대화 작업인 메이지유신을 이끈 주역은 대부분 이들 조슈, 사가, 사쓰마 세 번에서 나왔다. 조선에서 폭력적으로 수입한 '내열기술'은 용광로 건설에 기초가 됐고, 자기를 만들어 판 돈은 그 시설을 만드는 자금이 됐다. 1996년 사가번 도자기 마을 아리타에서는 이런 내용이 담긴 역사서를 펴냈다. '이 대포도 군함도 우리 아리타 자기가 가져다준 것임을 기억해야 한다.' (『불꽃의 마을 아리타의 역사 이야기』, 1996)

이렇게 역사는 가끔 엉뚱한 일이 원인이 되고 엉뚱한 일이 결과가 되기도 한다. 이상 남연군묘가 있는 충청도 내포에서 실타래처럼 풀려나간 역사 이야기였다. 땅의역사

조선 도공의 내열기술과 요업 산업으로 축적한 일본 메이지시대의 군사력

04 | 여러분은 세종시대 천문기구 간의대의 종말을 보고 계십니다

경복궁 석물의 비밀 1
: 근정전 품계석과 간의대

흥선대원군은 경복궁을 중건하면서 기존 건축자재를 재활용했다. 세종이 만든 천문관측기구 간의대는 옥석을 뜯어서 근정전 앞 품계석 24개를 만들었다.

1395년 조선 태조 이성계가 완공한 경복궁은 파란만장한 역사를 지녔다. 임진왜란 개전 직후인 1592년 4월 선조 일행이 북쪽으로 도주하자 분노한 한성 주민들이 난입해 불태웠다.(1592년 4월 14일 『선조수정실록』) 이후 1865년 흥선대원군이 중건 공사를 시작할 때까지 경복궁은 공궐위空闕衛(빈 궁궐 경비대)가 지킬뿐 왕국 법궁法宮 기능은 상실했다. 몰라도 상관없으나 알면 다시 보게 되는, 경복궁에 얽힌 비밀 이야기다.

천재 일벌레 세종의 치적들

조선 4대 국왕 세종은 천재이자 일벌레였다. 천재도 부담스러운데 일벌레이기까지 했으니 그 아래 관료들은 죽을 맛이었다. 영의정 황희는 1427년 나이 예순넷에 모친상을 당해 3년 휴직계를 냈다가 100일 만에 복직당했다. 예순아홉에 사표를 냈으나 또 거절당했고 일흔여섯에 낸 사표도 거부됐다. 1449년 여든여섯에 또 한 차례 사표 파동을 거친 후에야 세종은 황희를 은퇴시켰는데 이듬해 세종이 죽고 2년 뒤 황희도 죽었다. 그런 관료가 하나둘이 아니었다.

그 일벌레 천재 군주가 완성한 시스템 또한 한둘이 아니었다. "옛 무기가 우스운 일임을 알게 되었다"고 자부할 정도로 최신 무기를 개발했고(1445년 3월 30일 『세종실록』), 자랑스러운 훈민정음을 창안했다. 그리고 1432년부터 1438년까지 천재 과학기술자들과 함께 천문관측 시스템을 만들어갔으니, 그 가운데 가장 거대한 기구가 간의대. 1433년 경회루 북쪽 담 안에 설치한 천문대 간의대는 1척 30cm 기준으로 높이가 31척(9.3m)에 길이는 47척(14.1m), 너비는 32척(9.6m)이었다.(1437년 4월 15일 『세종실록』) 간의대 위에는 청동을 부어 만든 간의를 설치해 천체 현상을 관측했다. 그 옆에는 청석
靑石을 정교하게 깎아 절기를 측정하는 규표圭表를 두었다.

괄시받은 간의대

간의대 역사는 수난의 역사였다. 1442년 12월 26일 세종은 느닷없이 경회루 간의대 자리에 별궁을 짓겠다며 간의대를 북쪽으로 옮기라고 명했다. 그러다 일주일 뒤인 1443년 1월 3일 "자손만대에 전하려던 간의대를 헐어버리려니 마음이 괴롭다"라며 명을 취소했다. 하지만 세종은 "세자에게 왕위를 물려주면 내가 머물 궁이 필요하다" 하며 별궁 자리를 고르라고 명을 덧붙였다. 그리고 한 달이 지난 2월 4일 또 마음이 바뀐 세종이 간의대를 옮길 자리를 고르라고 명했다.

세종은 합리적 사고방식을 가진 지도자였다. 그러니 며칠 사이에 변심을 거듭했다면 이유가 있을 것이다. 별궁 자리를 고르라는 명이 떨어지고 11일이 지난 1월 14일, 사간원 좌헌납左獻納(간언을 담당하는 관리) 윤사윤이 왜 간의대를 헐고 궁을 짓느냐고 왕에게 물었다. 세종 입에서 생각하지도 못했던 대답이 튀어나왔다. "간의대가 경회루에 세워져 있어 중국 사신이 보게 될까 해서다."(1443년 1월 14일 『세종실록』)

조선은 명나라로부터 국명 '조선朝鮮'을 하사받은 사대의 나라였다. 그리고 천문을 관측하고 이에 따라 절기와 시각을 측정하는 일은 황제국의 권리며 제후국에는 금기였다. 세종은 그 사대 본국 명나라 사절에게 금기가 탄로 날까 두려워 거대한 간의대를 이전하려고 한 것이다.

2월 15일 사헌부에서 또 이전 불가 상소가 올라왔지만 세종의 고집은 꺾이지 않았다. 결국 간의대는 경복궁 북문인 신무문 앞 담장 안으로 이전되었다. 1462년 세조 8년에는 이 간의대를 부수고 세자궁을 지으려는 시도가 있었고 (1462년 2월 23일 『세조실록』), 1539년 중종 34년에는 간의대 담장을 높이는 공사가 벌어졌다. 이유는 '간의대 자리가 높아서 천사天使(중국 사신)가 보면 왕이 대답하기 곤란해서'였다.(1539년 3월 27일 『중종실록』) 당대 세계 으뜸이었던 과학기술이 사대事大에 의해 조락해버린 것이다.

호랑이 출몰한 경복궁

임진왜란이 터졌다. 선조가 도주했다. 그 뒷모습을 보며 한성 백성들이 경복궁에 난입해 왕실 금고 내탕고를 털어갔다. 그리고 노비 문서가 보관된 장예원과 형조를 불태웠다. 궁중에 보관돼 있던 실록과 고려 사초도 남김없이 타버렸고 경복궁은 물론 창덕궁과 창경궁도 불탔다. 재물 탐하기로 소문난 왕자 임해군의 집도 불탔다.

이후 경복궁은 273년 동안 폐허였다. 경복궁에는 전각이 '단 하나도 없었다.'(1704년 11월 12일 『숙종실록』) 때론 노인들을 모아 잔치를 벌이기도 하고(1706년 9월 16일 『숙종실록』), 뽕나무를 심어 왕이 백성에게 모범을 보이는 시범농업소 역할도 했다.(1767년 3월 10일 『영조실록』) 가끔 과거 시험장으로도 사용됐다. 하지만 절대적으로 경복궁은 공터였다.

왕실에서는 공궐위를 설치해 빈 궁궐을 지켰지만 호랑이가 빈 궁궐에 들어오기도 하고(1751년 6월 9일, 1752년 1월 2일 『영조실록』) 민간인도 수시로 드나들었다. 영조 때는 빈 궁궐에 아이 하나가 들어와 땔감을 줍다가 적발됐다. 아이는 금 술잔과 동으로 만든 사사상을 땔감 대신 주웠고, 이를 임금에게 바쳐 벌 대신 상을 받았다. (1764년 2월 13일『영조실록』)

실학자 유득공의 궁궐 나들이

역시 영조 때인 1770년, 나비와 새가 나타나는 삼월삼짇날 실학자 유득공이 연암 박지원, 청장관 이덕무와 함께 한성 나들이를 했다. 그리고「춘성유기春城遊記(봄날 궁궐 나들이)」라는 귀한 기행문을 남긴다. (유득공, 『영재집』권15) 삼청동에서 시작한 봄나들이는 나흘째 경복궁으로 이어졌다. 남문 다리를 건너 근정전 옛터를 북쪽으로 도니 해시계인 일영대日影臺가 있었다. 경회루 옛터로 연결된 부서진 다리를 덜덜 떨며 건너가 구경했고 다시 다리를 건너 주춧돌 쌓인 공터를 지나 북으로 가니 간의대가 나왔다.

유득공이 이렇게 기록했다. '담장 안에 간의대가 있다. 대 위에 네모난 돌이 하나 있다. 서쪽에는 검은 돌 여섯 개가 있다. 돌은 길이가 대여섯 자쯤 되고 너비가 세 자쯤 되는데 물길을 뚫어 놓았다. 간의대는 드높고 시원스럽게 트여서 북쪽 동네의 꽃과 나무를 조망할 수 있다.'

대여섯 자쯤 되는 검은 돌은 규표다. 처음 만들었을 때 검은 돌 위에 설치됐던 동표銅表는 사라지고 없었다.

간의대 위치는 경복궁 서북쪽 모서리였다. 신무문神武門 바로 옆이다. 세종 본인이 창안한 과학기구가 과학자 본인에 의해 궁궐 깊숙한 곳으로 쫓겨나 있는 것이다. 그리고 '이미 폐기돼 사용하지 않으니 중국에서 배운 것인지 세종대왕이 창조한 건지도 모를 바요 용법도 모르니 매우 애석한' 기계로 전락해 있었다. (1713년 윤5월 15일『숙종실록』)

경복궁 경회루. 경복궁 중건 때 흠경각 뒤에 있던 해시계 '일영대'를 뜯어서 석축에 충당했다.

『경복궁영건일기』와 사라진 간의대

1863년 조선 26대 국왕 고종이 왕위에 올랐다. 실질적인 권력자는 아버지 흥선대원군 이하응이었다. 순조-헌종-철종으로 이어진 세도정치를 끝내려던 대원군은 1865년 경복궁 중건을 통해 왕권 과시를 시도했다. 중건 공사는 국고國庫 소진과 인플레이션이라는 회복 불가능한 부작용을 낳고, 다른 공들이 빛이 바랜 대원군은 1873년 권좌에서 쫓겨났다.

중건 공사를 주도한 영건도감 낭청 원세철은 중건 결정일인 1865년 4월 1일부터 큰 공사가 완료된 1868년 7월 4일까지 하루도 빠짐없이 일기를 기

경복궁 품계석. 유일하게 남아 있는 세종천문시대의 흔
적이다.

록했다. 이 일기에 간의대가 아주 순간적으로 등장했다가 사라져버린다.

'근정전 상하 월대에 박석을 깔았다. 그리고 앞뜰에 박석을 깔고 두 줄로
품계석 24개를 세웠다.'(국역『경복궁영건일기』2, 1867년 10월 9일, 서울역
사편찬원, 서울책방, 2019, p334)

품계석은 문무백관 벼슬 높낮이에 따라 정전인 근정전 앞마당에 정렬한
돌이다. 품계는 문, 무반 각각 정1품부터 정9품, 종1품부터 종9품까지 모두
36개지만 종 품계는 4품 이하 품계석을 생략해 총합은 24개다. 그 품계석을

1867년 10월 9일 박석 공사와 함께 앞뜰에 세웠다는 것이다. 그런데 그다음 문장에 누대에 걸쳐 소박받던 간의대가 등장한다.

'문무품 각 12개는 헐어버린 간의대 옥석으로 만들었다(文武品各十二塊以簡儀臺所毁玉石爲·문무품각십이괴 이간의대소훼옥석위).'

조선 최첨단 과학기술의 말로

궁궐 북서쪽에 서 있던 거대한 간의대를 헐어서, 그 석재 가운데 귀한 옥玉을 다듬어 품계석을 만들었다는 것이다. 그뿐 아니다. '흠경각 옛터에 있는 일영대를 철거하고 그 석재를 모두 다듬어 경회루 연못 석축에 옮겨 사용하였다.'(국역『경복궁영건일기』1, 1865년 7월 6일, p177) 유득공 일행이 경회루 북쪽으로 돌아서 본 그 일영대다.

조선 과학기술의 정수 두 가지 가운데 간의대는 벼슬아치들 아침 조회 자리잡이용 돌멩이로, 한 가지는 연못 석축으로 어딘가에 박혀 있다는 말이다. 찬란한 세종대왕 과학시대가 이렇게 초라한 종말을 맞이하였다. 역병이 한창이지만 고궁 나들이는 풀려 있으니, 경복궁에 가시거들랑 얼핏얼핏 옥색 석맥石脈을 비치며 서 있는 품계석에서 말로만 듣던 간의대를 상상해보시라. 땅의역사

05 | 상처 난 돌짐승 하나가
주인 없는 궁에 와 있소이다

경복궁 석물의 비밀 2
: 구멍 뚫린 천록(天祿)과 굶어 죽은 녹산 사슴

어느 동종의 기구한 운명

흥선대원군이 시작한 경복궁 중건 공사가 한창이던 1866년 겨울이었다. 그해 2월 8일 인부들이 광화문 서쪽에 방치돼 있던 종 하나를 경복궁 안으로 끌고 와 부쉈다. 세조 때 만든 이 종은 길이가 9자 2치(276cm)에 지름은 6자 5치(195cm) 두께는 9치 7푼(29cm)짜리 대종이었다. 종에는 신숙주가 쓴 명문이 새겨져 있었다. 사람들은 이를 녹여 근정전 사방을 지키는 향로와 처마 아래 서까래를 보호하는 토수吐首를 만들고 나머지는 당백전을 만들었다.(국역『경복궁영건일기』1, 1866년 2월 8일) 이보다 5개월 전 운종가 포목전 사람 600명이 동대문에서 종 하나를 옮겨 광화문으로 가져왔는데 이 또한 높이 8자 6치(258cm)에 너비는 5자 5치(160cm)요 두께는 9치 5푼(28.5cm)짜리 큰 종이었다. 세조 때 만든 홍천사 종이다.(『경복궁영건일기』, 1865년 9월 2일) 광화문 문루에 걸었던 이 종은 지금 덕수궁 안에 걸려 있다.

한 종은 흔적도 없이 사라지고 한 종은 그나마 살아남았다. 동대문에 있던 종은 1555년 '종을 녹여 조총鳥銃을 만들자'는 각 관청 요구를 "옛것은 신령한 힘이 있다"라며 명종이 결재를 거부한 바람에 살아남았다.(1555년 6월 17일 등『명종실록』) 37년 뒤 그 조총을 앞세운 일본에 국토와 국민이 유린됐지만, 어찌 됐든 종은 살아남아 있다. 명분과 실질과 현실이 맞부딪친 구한말 경복궁 중건 현장으로 다시 가본다.

경복궁 영제교에는 상서로운 동물인 서수 조각상이 네 개 있다. 하늘에서 온 사슴, 천록이라고 한다. 등에 구멍을 때운 오른쪽 천록은 중국 사신이 묵는 남별궁에서 가져온 석물이다.

경복궁 근정전 오른쪽 구석에 있는 해태상. 암
컷이 새끼를 안고 있다(위). 경복궁 영제교 동
쪽에 있는 천록. 등에 난 구멍을 메꾼 흔적이 보
인다(아래).

대원군의 트라우마, 화재(火災)

왕실 위엄도 위엄이지만, 대원군에게 경복궁 공사 최고 주안점은 화재 예방이었다. 곳곳에 수로를 파고 물을 담은 '드므'를 배치했다. 주술적인 방법도 동원했다. 불을 피하기 위해 많은 현판을 금색으로 썼고(『경복궁영건일기』, 1867년 4월 21일), 화산火山인 관악산의 기를 누르려고 관악산 꼭대기에서 숯을 만들어 근정전과 경회루 주변에 묻었다. 관악산 정상에 우물도 팠다.(1866년 1월 6일) 서쪽으로 냈던 경회루 수로 입구는 관악산 화기를 막기 위해 남쪽으로 바꿨다.(1866년 7월 1일) 청동으로 불을 제압하는 용을 만들어 경회루 연못에 집어넣고 근정전 상량식에는 용 용龍 자 1,000자로 물 수水 자를 그린 종이를 상량문과 함께 삽입했다.(1867년 2월 9일) 목재로 만든 건물에 온돌로 난방을 하는 시스템이니, 바야흐로 위엄을 회복하려는 왕실에 화재는 무엇보다 무서운 적이었다.

「춘성유기」와 구멍 뚫린 천록(天祿)

경복궁 석물石物은 복을 빌고 악을 피하려는 상징들이다. 특히 근정전을 둘러싼 월대에는 많은 석물이 조각돼 있다. 대원군은 근정전 건물에서 월대까지 너비를 5척 확충하고, 석수石手들에게 포상금을 지급하며 공사를 독려했다.

돌기둥 36개 위에 있는 서수상 가운데 1층 월대 모서리에 있는 암수 동물상은 특이하고 예쁘다. 1770년 경복궁을 구경한 실학자 유득공은 이렇게 기록했다. '암컷은 새끼를 한 마리 안고 있다. 무학대사가 남쪽 오랑캐가 침략하면 짖도록 만들었고 어미개가 늙으면 새끼가 뒤를 이어 짖도록 했다고 전해온다.'(유득공, 『영재집』15, 「춘성유기春城游記」) 유득공이 '개'라고 한 이 짐승은 해태(혹은 해치)다. 선과 악을 구별하고 화재와 재앙을 물리치는 동물이다.

그리고 유득공의 눈길을 끌었던 석물이 하나 더 있으니, 홍례문과 근정문 사이 영제교 양쪽에 앉아 있는 천록들이다. '남문 안에 다리가 있는데 동쪽에는 돌을 깎아 만든 천록天祿/天鹿이 두 마리 있고, 다리 서쪽에는 한 마리가 있다. 천록의 비늘과 갈기가 잘 새겨져 있어 생생하였다.' 한쪽에는 두 마리가 다른 쪽에는 한 마리가 있다는 목격담이다. 천록은 상서롭지 못한 것들을 제거하는 전설 속 동물이다.

2020년 현재 영제교 옆에 있는 천록은 모두 네 마리다. 250년 전 존재하지 않았던 한 마리가 멀쩡하게 앉아 있는 것이다. 그리고 동쪽 한 마리는 등에 작은 구멍이 뚫려 있고 덮개가 씌어 있다. 유득공의 목격담은 이렇게 이어진다. '남별궁南別宮 뒤뜰에 등에 구멍이 뚫려 있는 천록이 한 마리 있는데 이것과 아주 비슷하다. 필시 다리 서쪽에 있었던 나머지 하나임이 분명하다.'(『춘성유기』)

임진왜란, 남별궁 그리고 소공로

남별궁은 임진왜란 이후 중국 사신이 머물던 숙소다. 서울 소공동小公洞에 있다. 원래는 태종 둘째 딸 경정공주가 살던 집이었다. 지금 지명인 '소공동'은 '소공주小公主'가 살던 집에서 유래됐다. 임진왜란 때 일본군 장수 우키타 히데이에宇喜多秀家가 이 집에 진영을 차렸다. 원래 우키타는 종묘에 주둔했었는데, '밤마다 신병神兵이 나타나 서로 칼로 치다가 죽은 자가 속출하자'(1592년 5월 3일『선조실록』) 이 집으로 병력을 이동했다. 1593년 한성이 수복된 이후에는 불타버린 옛 명나라 사신 숙소 태평관 대신 명과 청나라 사신 숙소로 사용됐다.

경복궁에 있던 천록 한 마리가 이 남별궁으로 옮겨졌다. 실학자 이덕무는

"바로 경복궁에서 옮겨온 것(盖自景福宮移置也·개자경복궁이치야)"이라고 확신했다.(이덕무,『청장관전서』51,「이목구심서」4)『경복궁영건일기』에는 이 천록을 '1865년 5월 4일 남별궁에서 가져와 영제교 서쪽 본래 자리에 두었다'고 적혀 있다. 또 1868년 3월 2일『경복궁 영건일기』에는 '영제교 패하석의 등 쪽 팬 곳을 돌로 보완했다'고 기록돼 있다.

천록에 숨은 이기심과 사대 갑질

『경복궁영건일기』는 '세속에 전하기를'이라고 전제를 달고 소공주의 남편인 평양부원군 조대림이 천록을 궁궐에서 무단으로 가져다 자기 집에 놔뒀다고 기록했다. 이후 소공주 집이 중국사신 숙소 겸 접대소인 남별궁으로 바뀌자 한 청나라 사신이 '매우 신령스럽고 괴이하다'며 등에 구멍을 뚫고 흙으로 메워버렸다는 것이다.(『경복궁영건일기』, 1865년 5월 4일)

조금이라도 속설이 객관적인 사실을 품고 있다면, 왕실 척족의 탐욕과 제후국 조선에 대한 사대 본국의 갑질이 결합해 만들어낸 흉터를 천록은 품고 있다는 뜻이다. 한 왕조의 안녕을 기구하던 석물이 척족네 정원석이 되고 일본군 군영 어느 무명 병사의 의자도 되었을 터이고 이어 중국 사신에 의해 척추가 토막 나는 참사를 겪었으니, 돌치고는 운명이 기구하다.

굶어 죽은 녹산 사슴

대원군이 그렇게 화재 예방 상징을 새겨 넣었지만, 경복궁은 화재가 여러 번 났다. 1867년 2월 9일 근정전 상량문을 올리던 그날 영추문과 건춘문 쪽 목재 창고와 인부 숙소에 불이 나버렸다. 한 달 뒤인 3월 5일 심야 화재로 공

경복궁 근정전에 있는 향로. 세조 때 만든 큰 종을 녹여 만들었다(왼쪽). 경복궁 흠경각 뒤편 화원의 정체불명의 석물, 유득공의 「춘성유기」에 따르면 근정전의 사관들 돌벼루다(오른쪽).

사 중이던 전각 수백 칸이 사라졌고 목재도 불탔다. 1876년에는 완공된 경복궁에 또다시 큰 화재가 일어났다. 전각 830여 칸이 재로 변했고 역대 왕들 글씨와 유품도 몽땅 사라졌다.(1876년 11월 4일 『고종실록』) 고종은 '민간 토목공사 금지령'을 거듭 내리며 재중건 공사를 강행했다.(1893년 8월 25일 등 『승정원일기』)

고종이 백단향을 피우며 국태민안을 빌었던(『경복궁영건일기』, 1867년 11월 16일) 근정전 향로는 뚜껑을 잃어버리고 아직 그 자리에 있다. 남별궁은 1897년 황제가 천제를 지내는 원구단으로 바뀌었다.

하지만 1896년 2월 아관으로 파천한 이후 고종은 두 번 다시 경복궁으로 돌아가지 않았다. 1908년 2월 12일 고종과 왕비 민씨가 완상하던 궁내 녹산 사슴 일곱 마리 가운데 한 마리가 죽었다. 고종 내탕금이 내려오지 않아 사료를 사지 못해 굶어 죽었다. (1908년 2월 12일 『대한매일신보』) 창덕궁으로 옮긴 여섯 마리 가운데 네 마리도 2주 뒤 죽었다. 어느 틈엔지, 구멍 뚫린 천록은 영제교 서쪽에서 동쪽으로 자리를 옮겨 앉아 있다. 1915년 조선총독부가 경복궁에서 조선물산공진회를 열면서 많은 개보수가 있었으니, 그때 이동이 있었는지도 모른다.

사슴들이 굶어 죽고 3월 1일 대한제국 궁내부는 텅 빈 경복궁을 민간에게 개방하기로 결정했다. (1908년 3월 1일 『대한매일신보』) 3월 8일 입장권이 발매됐고, 4월 26일 일요일 경복궁 관람객은 2,118명이었다. (1908년 4월 28일 『황성신문』) 이듬해 궁내부는 경복궁 건물 4,000여 칸을 경매에 부쳤다. 낙찰자 10여 명이 칸당 15환부터 27환까지 가격으로 응찰했다. 한성부윤 장헌식 또한 석재와 목재를 사서 자기 집을 짓다가 욕을 먹었다. (1909년 5월 15일, 7월 5일 『대한매일신보』) 신문 기사 제목은 「기막히여」였다.

1911년 2월 20일 천록이 있던 옛 남별궁, 원구단 건물과 땅이 총독부에 인계됐다. 석 달 뒤인 5월 17일 궁내부는 경복궁 전체를 총독부에 넘겼다. (1911년 5월 17일 『순종실록부록』) 아무리 정교하게 깎고 정성을 들인들, 돌들은 나라를 지켜주지 못했다. 대원군이 심혈을 기울인 근정전 해태 가족상도, 국운을 지켜준다고 믿었던 천록도 경회루 못 가운데 숨죽이던 청동 용도 소용없었다. 땅의역사

06 | 경복궁 돌담길 나무마다 사연이 숨었다

경복궁 석물의 비밀 3
: 효자로 플라타너스 숲의 정체

경복궁 서쪽 담장 너머 보이는 플라타너스 숲. 일제강점기에 심은 가로수로 추정된다.

경복궁 약전(略傳)

　'1865년 3월 의정부에서 평석이 발견됐는데, 경복궁을 재건하지 않으면 자손이 끊기니 다시 지어서 보좌를 옮기면 대를 이어 국운이 연장되고 인민이 부유하고 번성하리라고 적혀 있었다. 이를 대원위 합하에게 바치자 궁을 중건하라는 명이 내려왔다.'(『경복궁영건일기』, 서序, 한성부 주부 원세철, 1868년)

　그리하여 시작된 경복궁 중건 역사는 1868년 7월 4일 고종이 경복궁 근정전에서 문무백관 하례를 받으며 공식 완료됐다. 비가 내리던 그날 판부사 이

유원이 고종에게 청했다. "이 법궁을 억만 년토록 기명基命(일의 시작)과 정명定命(일의 끝)의 근본으로 삼으소서." 고종이 말했다. "마땅히 가슴속에 새겨두겠다." 임진왜란 이후 276년 만에 부활한 조선왕조 법궁을 수호하고 국태민안을 실현하겠다는 의지를 밝힌 것이다.

이후 궁에는 많은 일이 벌어졌다. 1895년 왕비 민씨가 일본인들에게 피살됐다. 이듬해 왕은 러시아공사관으로 피신했다. 1915년 총독부는 많은 전각을 허물고 경복궁을 조선물산공진회 전시회장으로 전용했다. 11년 뒤인 1926년 총독부 청사가 경복궁에 섰다. 이듬해 광화문이 동쪽으로 이건됐다. 1929년에는 조선박람회가 경복궁에서 열렸다. 더 많은 전각이 사라졌다.

광복 후 총독부 청사는 대한민국 정부청사였다가 국립박물관이었다가 1995년 해체됐다. 지금은 고종 때 중건된 경복궁을 복원 작업 중이다. 고종이 깨뜨린 법궁 수호와 국태민안의 의지가 공화국 시대에 실행되고 있다.

잊힌 궁궐, 경복궁

대한제국 황제 고종이 황궁을 경운궁(덕수궁)으로 옮긴 뒤 경복궁은 버림받았다. 1896년 아관파천 이후 왕은 다시 경복궁을 찾지 않았다. 실록에 따르면 이후 고종이 경복궁을 찾은 날은 1906년 9월 13일 고종 54회 생일인 만수성절萬壽聖節(음력 7월 25일) 잔칫날밖에 없었다. 그사이 1901년 7월 1일 지방에서 놀러온 민간인들이 병정들을 따라 무너진 경복궁 담장을 통해 구경하다가 걸리기도 했다.(『사법품보司法稟報』30, 1901년 7월 1일)

결국 경복궁은 식민지 지배 기관 청사 터로 변했다. 이후 도시는 대폭 바뀌었다. 1914년 12월 2일 서소문이 경매로 매각됐다. 이듬해 3월 6일 서대문도 매각됐다. 목재는 205원에 경성 사람 염덕기에게 낙찰됐고 석재는 도로 확장용 자재로 들어갔다.(1915년 3월 15일 등 『매일신보』)

경성 거리에 나타난 가로수

500년 동안 유지됐던 도시 구조가 변화하면서 또 다른 생명체가 역사에 등장했다. 가로수다.

1917년 총독부 '도로요람'은 주요 도로에 가로수를 7.27m 간격으로 심되 연 2회 손질을 하며 교통에 지장이 없도록 아랫부분은 가지를 잘라내도록 규정했다.(조선총독부, '도로요람', 1917: 김해경, 「일제강점기 경성 내 가로수에 대한 일고찰」, 『서울과역사』 98호, 서울역사편찬원, 2018, 재인용) 도심에는 병충해에 강하고 열매가 없는 낙엽수를 심도록 규정했다. 세종 때 30리마다 이정표 나무 후수堠樹를 세우라는 기록이 있고 정조 때 수원 융릉 가는 길에 소나무와 버드나무를 심었다는 기록이 있지만, 본격적인 도심 가로수는 이때 탄생했다.(김해경, 앞 논문) 경복궁 주변 도로도 마찬가지였다.

가로수를 처음 본 사람들 반응은 두 가지였다. 가로수는 '황금정 1정목 자동차상가 앞 나무 한 개를 뿌리째 빼가는 악희惡戲(나쁜 짓거리)'의 대상이기도 했고(1917년 4월 17일 『매일신보』), 가로수의 잎사귀들은 '양양陽陽(눈부신)한 광채의 물결 위에서 파닥이면서 가벼운 파문을 일으키는' 낭만의 대상이기도 했다.(김안서, 「수확의 가을과 시상」, 『삼천리』 12권 9호, 1940년 10월) 유럽 여행을 떠났던 독립운동가 박승철은 파리에서 '노방수路傍樹가 열을 지어 있나이다'라고 감탄하기도 했다.(「파리와 베를린」, 『개벽』 24호, 1922년 6월)

경복궁 서쪽 영추문 주변에 있는 플라타너스 거목

동십자각 북쪽 경복궁 동쪽 주차장 입구에 서 있는 수수께끼의 양버들나무(포플러 종류)

동네마다 달랐던 가로수들

1934년 가로수 식수 6개년 계획이 결정됐다. 이에 따르면 플라타너스와 모니후에스(양버들나무 추정)를 연건동 대학병원 부근(플라타너스)과 안국동~돈화문(양버들)에 심고 광화문 거리에는 중앙에 녹지대를 만들어 가로수를 심게 되어 있다. 그리고 1936년 심었던 가로수들 가운데 고사枯死한 1,400그루를 같은 종류로 갈아 심고 1,300그루를 새로 심었다.(1936년 3월 5일 『조선중앙일보』) 경상남도에서 가로수 600만 그루 심기 대회를 열고 부산-창원-진주에서는 가로수 품평회를 열 정도로(1931년 1월 23일, 1932년 3월 8일 등 『부산일보』) 가로수는 '총독부가 선사한 근대의 상징물'로 장려됐다.

소위 녹화사업은 꾸준히 계속됐는데, 포플러와 향나무와 아카시아가 말라죽자 이를 플라타너스로 대체하는 작업이 이어졌다. 건국대 녹지환경계획학과 교수 김해경에 따르면 이 나무들은 해방 후까지 유지돼 1957년에도 태평로 일대에 플라타너스, 광화문광장에는 은행나무, 한강로에는 양버들, 청량리~동구릉 연도에는 수양버들이 그대로 자라고 있었다. 그러니까 지역마다 종류가 다른 가로수들이 군집을 이루며 자라나고 있었다는 말이다.

플라타너스, 추억 그리고 역사

기억이 추억이 되고 추억은 역사가 된다. 쓰린 추억도 추억이고 아픈 역사도 역사다. 전국 팔도에 살고 있는 노거수老巨樹(늙은 큰 나무)는 그 자체가 역사다. 2009년 광화문광장이 조성되면서 총독부가 심었던 세종로 중앙분리대 은행나무들이 뽑혀 나갔다. 29그루였다. 이들은 원래 경기도로 이사하려 했으나, '뿌리까지 뽑아놓고 보니 나무를 실은 트럭이 터널을 통과하지 못해' 부라부랴 도로 양편 정부청사와 시민열린마당으로 옮겨 심었다. 이미 주요 가지들은 잘라낸 탓에 나무들이 겪은 식민지와 전쟁의 역사는 찾아볼 수 없다.

경복궁 주변은 어떨까. 현 광화문 앞길에 심었던 은행나무들은 모두 사라졌다. 그런데 경복궁 서쪽 효자로 주변에는 거대한 플라타너스들이 은행나무들 사이에서 자라고 있다. 성장 속도가 빠른 장점이 있지만 꽃가루가 날리는 데다 성장 속도가 빨라도 너무 빨라 간판을 가리는 단점으로 퇴출 대상이 된 나무들이다.

그런데 그 장단점 뚜렷한 나무들이 지금 경복궁 서쪽 길 양편을 가득 메우고 있다. 서울시는 물론 관할 종로구청에도 이 나무들이 언제 식재됐는지에 대한 기록이 전무하다. 플라타너스들은 1951년 촬영된 미군 항공사진에도 등장하니, 총독부가 심은 나무일 확률이 크다. 일제강점기의 복잡하고 서글프고 강요된 역사를 견디며 자라나 어느덧 역사와 함께 늙어버린 나무들이라는 말이다. 왜 이들을 '일제의 잔재'라며 폐기 처분하지 않았는지 이유는 알 길 없으나, 그 덕에 우리는 키 큰 나무들이 품고 있는 역사를 호흡하며 도심 산책을 즐길 수 있게 되었다.

동십자각과 수수께끼의 포플러

1929년 9월 경복궁에서 조선박람회가 열렸다. '총독부 시정 20주년'을 기념하는 초대규모 엑스포였다. 그나마 남아 있던 경복궁 전각들이 박람회를 위해 빗자루로 쓸어내듯 쓸려나갔다. 1929년 7월 경복궁의 동쪽 궐闕(궁을 지키는 망루)인 동십자각 주변 담장이 전격 철거됐다. 동십자각 양옆을 박람회 출입구로 사용하기 위한 조치였다. 동십자각은 도로 속 섬이 됐다. 2년 전

1926년 7월 4일자 『조선일보』 조선박람회 출입문으로 사용하기 위해 동십자각 주변 경복궁 궁장을 헐었다는 기사다. [조선일보DB]

1929년 경복궁 동쪽 성곽. 중학천과 동십자각이 보인다. 가로수는 보이지 않는다. [총독부박물관 유리건판]

『조선박람회기념사진첩』에 실린 경복궁 동십자각. 박람회 출입구로 사용하기 위해 경복궁 담장을 철거하고 철책을 설치했다. 십자각은 외벽을 크게 변형시켰다. [서울역사박물관]

인 1927년 광화문이 경복궁 동쪽 건춘문 옆으로 이건 당했다. 이건된 광화문은 박람회 메인게이트로 전락했다.

1929년 총독부 유리건판 사진을 보면 현 경복궁 주차장 앞에는 가로수가 한 그루도 없다. 1947년 미국 『라이프지』가 찍은 사진에도 가로수는 보이지 않는다. 그런데 삼청로 노변에는 어린 은행나무가 줄지어 있는데 동십자각 뒤편 주차장 입구에 거대한 포플러 한 그루가 우뚝 서 있다. 뜬금없는 이 나무, 도대체 언제 어디에서 왔는가. 아무도 모른다.

복원된 건물과 달리 노거수는 시간 속에서 변화한다. 역사와 함께 키가 자라고 덩치가 불어나고 꽃이 피고 잎이 떨어진다. 서울 가로수 역사는 120년이 넘지만 역사를 알려주는 나무는 존재하지 않는다. (김해경, 앞 논문) 현실 속에 숨 쉬는 역사가 존재하지 않는다는 말이다. 간의대 토막 품계석 사건과 척추 부러진 천록에서 가로수까지, 경복궁에 얽힌 몇몇 이야기였다. 땅의역사

07 | 백성은 세상 일 알려 말고
충효(忠孝)하며 살거라

서점 없는 나라 조선과 책쾌(冊儈)들의 대학살

경기도 포천 인흥군 이영 묘 앞 밭에 놓여 있는 묘계비(仁興君 墓界碑). '이 비가 극히 영검하니 어떤 생각으로라도 사람이 거만하게 낮춰보지 말라'고 새겨져 있다.

서기 1771년 6월 2일, 양력 7월 13일 여름 아침이었다. 태양 볕 아래 경희궁 중간 문인 건명문 앞에는 남정네들이 우글거렸다. 사내들은 모조리 발가벗고 두 손을 뒤로 묶인 채 나란히 엎드려 있었다. 아침부터 이글거리는 태양 아래 거의 죽게 된 자들이 100명 가까이 되었다. 자빠져 있는 사내들은 '책쾌冊儈'와 '상역象譯'이다. 책쾌는 서적 외판 상인이고 상역은 통역관이다.

건명문 앞에는 조선 21대 임금 영조가 앉아 있었다. 영조는 정복 차림인 익선관을 쓰고 곤룡포를 입고 있었다. 얼굴은 밝지 못했다. 이미 닷새 전 영조는 책쾌 다섯을 귀양 보내고 둘은 목을 잘라 용산 청파교靑坡橋에 매달아버린 터였다. 이날 아침 회의에서 영조는 이리 내뱉었다. "이게 사람 사는 세상인가? 내 마음이 백 척 아래 내려앉으니 세상사 다 뜬구름이로다."(1771년 6월 2일 『승정원일기』) 248년 전 찌는 여름 아침, 금속활자와 훈민정음의 나라 조선에서 벌어졌던 서적 외판원 대학살극 이야기다.

훈민정음의 탄생

전前 왕조 고려가 물려준 금속활자를 보유한 조선에 문자가 탄생했다. 1443년 음력 12월, 최항, 박팽년, 신숙주, 성삼문 같은 집현전 정5품 이하 20~30대 신진 학자들을 부려서 세종이 만든 훈민정음이다. 맏아들 동궁(문종)과 둘째 아들 수양대군, 안평대군 같은 혈족도 함께였다. 두 달 뒤 부제학 최만리를 비롯해 집현전 중진 학자들이 뒤늦게 집단 상소를 올렸다.

"넓게 의논을 채택하지도 않고 갑자기 이배吏輩(하급 관리) 10여 인으로 하여금 가르쳐 익히게 하며, 정치하는 도리에 유익됨이 없는 언문에 동궁께서 사려를 허비하고 있다." 세종이 답했다. "전에는 '불가할 것 없다'고 하더니 말을 바꾸는구나. 아무짝에 쓸모없는 놈들!" 세종은 상소한 이들을 하루 동안 옥에 가둬버렸다.(1444년 2월 20일 『세종실록』) 이미 훈민정음 작업을 집현전 모두가 알고 있었고, 세종은 중진 관리들의 반대 여론도 알고 있었다는 뜻이다.

방해 세력을 진압한 세종은 수정 과정을 거쳐 2년 뒤 1446년 9월 29일 '바람소리와 학 울음, 닭 울음소리나 개 짖는 소리까지 모두 표현해 쓸 수 있는' 훈민정음을 반포했다. 조선은 세상에서 가장 단순하고 효율적인 문자 소유국이 되었다.

훈민정음으로 낸 책들

세종이 염원했던 세상은 언문을 통해 '어리석은 남녀가 모두 쉽게 깨달아 충신, 효자, 열녀가 반드시 무리로 나오는' 세상이었다. 재위 10년째인 1428년 10월 3일 진주 사람 김화金禾가 아비를 죽인 존속살인사건이 보고됐다. 그러자 세종은 『효행록』 간행을 명했다. 5년 뒤 『삼강행실도』가 출판돼 종친과 신하, 팔도에 하사됐다.

그런데 1444년 방해 세력을 옥에 가두던 그 날, 세종은 집현전 학자 정창손을 파면했다. "정창손이 말했다. '삼강행실三綱行實'을 언문으로 번역해도 사람 자질 문제이지 본받지 않을 거라고. 이치를 아는 선비의 말이 아니다." 정창손은 세종의 역린逆鱗을 건드린 것이다.

세종 사후 1490년 성종 때 마침내 『삼강행실도 언해본』이 출간됐다. 충신, 효자, 열녀 각 35명을 그림과 한자, 그리고 언문으로 소개한 책이다. 사대부들과 간통 행각을 벌인 어우동 사건이 계기였다. 세간에 잘 알려진 '새끼손가락 잘라 피를 먹여 아비 살린 아들', '절개를 지키기 위해 자결한 아녀자' 이

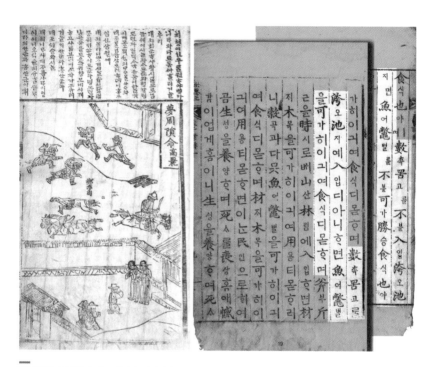

『삼강행실도』(왼쪽)와 선조 때 만든 『맹자언해』(오른쪽)다. 『맹자언해』는 한글로 풀이했다고 하지만 일반 백성은 읽을 수 없을 정도로 어렵다.

야기가 다 이 책에 들어 있다. 조선 정부는 삼강행실 언해 작업을 경국대전에 규정해 모범적인 백성을 포상하라고 규정했다.(『경국대전』,「예전 장권조」) 사림파가 권력을 잡았던 중종 때는 한 번에 2,940질을 인쇄해 전국에 뿌렸다.(1511년 10월 20일『중종실록』)

1481년 두보의 시를 번역한『두시언해』가 출간됐다. 과거 시험에 필수적인 '표준 번역' 교과서였다.『맹자언해』를 비롯한『사서언해四書諺解』도 나왔다. 하지만 이런 경서들은 앞서 사진에서 보이듯, '한국어로 번역한' 책이 아니었다. 한문은 그대로 둔 채 한국어 어순으로 정렬한 책이었다. 다시 말해서 한자를 모르는 백성은 읽을 수 없는, 표준 해석을 위해 사대부 지식인이 찾아 읽는 전용 교과서였던 것이다.『삼강행실도 언해본』이 순수 언문으로 돼 있는 반면, 이들 고급 지식은 백성들이 접근할 방법이 없는 닫힌 책들이었다.

국가가 독점한 출판과 유통

성리학적 윤리를 담은 책들은 모두 국가에서 편찬하고 출판하고 유통시켰다. 공식적으로 책을 사고파는 민간 서점은 존재하지 않았다. 책 매매는 성리학에 반하는 상업 행위였다. 유학자에게 필요한 책은 국가에서 금속활자나 목판으로 찍어 '나눠줬다'. 선비를 제외한 백성은 그 유통 과정에 철저하게 소외됐다. 대신 농서農書와 의서醫書 언해를 읽었다. 성리학적 세계의 기본 산업인 농업을 진흥하고, 그 종사자를 보호하기 위해서 만든 번역서였다.

그리고 또 다른 독서 대상이 언문 계고 표지였다. 문경새재에는 18세기 표기법으로 '산불조심'이라는 표석이 있다. 경남 진주 의곡사에는 한문을 음독해 새긴 비석(1916년)이 있다. 서울 노원구에는 '이윤탁 한글 영비'(1536년)

가 있다. 무덤 옆에 있는 이 비석에는 '신령한 비석이니 깨뜨리거나 해치는 사람은 화를 입는다. 글 모르는 사람에게 알린다'라 새겨져 있다. 이미 16세기에 언문이 퍼졌다는 뜻이다.

경기도 포천에 있는 선조의 열두 번째 왕자 인흥군 묘에는 묘역을 알리는 묘계비(1686년)가 서 있다. 왼쪽 옆구리에는 '이 비가 극히 영검하니 어떤 생각으로라도 사람이 거만하게 낮춰보지 말라'고 새겨져 있다. 명필인 인흥군 아들 낭선군 이우의 글씨다. 묘계비는 밭 한가운데에 아무 안내판도, 난간석도 없이 6·25 때 탄환 자국을 안고 서 있다. 밭 주인은 "살기도 불편하고, 문

문경새재에 있는 18세기 한글 '산불조심' 비석

화재 보호도 않는 시청도 한심하고"라 했다.

그렇게 백성은 충성과 효도를 배우고, 사서삼경에는 까막눈인 채로 살았다. 산불 조심하고 남의 묏자리 넘지 않으려 조심하면서 살았다. 이제 1771년 여름날 경희궁으로 돌아가 본다.

책쾌의 대학살

서점 없는 나라에서 책에 대한 수요는 책쾌가 책임졌다. 외판원들이다. 어떤 방법으로든 책이 필요한 사람에게 책을 공급해주는 직업군이었다. 사대부들은 책쾌를 통해 필요한 책을 구입했고, 살림이 궁할 때는 몰래 팔았다. 그런데 1771년 여름 그들이 대학살을 당한 것이다. 연유는 이러하다.

그해 5월 전 지평 박필순이 "『강감회찬』이라는 청나라 책에 조선 왕실을 비방하는 글이 있다"라고 상소를 올렸다. 전주 이씨 왕실이 고려 역적 이인임 후손이라고 돼 있다는 것이다. "청나라에 책을 불태우고 저자 처벌을 요구하자"는 신하들 말에, 영조는 책을 읽은 자는 물론 유통시킨 자들을 전원 색출하라 명했다. 결국 책을 청에서 사들여온 사신 3명은 섬으로 유배됐다. 그리고 책을 사고판 사대부는 양반적에서 삭제하고 무기징역을 선언했다.(1771년 5월 23일『승정원일기』)

다음 날 다시 전원체포령이 떨어졌다. 과거 합격생 가운데 책을 읽은 자는 합격을 취소하고 수군으로 보내라 명했다. 26일에는 책을 신고한 박필순도 귀양을 보냈다. 27일에는 책 상인 무리를 전원 체포해 곤장을 치고 수군으로 보내라 명했다. 다음 날 책 저자 '주린'과 이름이 같은 전 참판 '엄린'의 이름을 '엄숙'으로 개명시켰다.

그리고 6월 1일 『강감회찬』 외에 '청암집'이라는 책이 또 적발됐다는 보고
에 다음 날 경희궁으로 책쾌 무리를 체포해온 것이다. 한두 명도 아니고 100
명이니, 장안에 있는 책쾌란 책쾌는 전원 검거된 날이었다. 예문관 제학 채제
공이 "알고 보니 '청암집'은 존재하지 않는 책"이라고 보고했지만, 영조의 분은
가라앉지 않았고 이후에도 책쾌 금령은 철회되지 않았다. 1771년, 서점 없는
나라에 판매상이 사라진 날이었다.

서점 있는 나라와 문명의 진보

1450년 구텐베르크가 만든 금속활자 인쇄술은 유럽을 바꿔놓았다. 유럽
인은 그 활자로 면죄부도 인쇄했고, 면죄부를 반대하는 95개조 반박문도 찍
었고, 신神에 저항하는 지동설 서적도 찍었고 마녀사냥법 책도 찍었다.

1453년 오스만튀르크가 동로마를 함락시켰다. 자빠지면 코 닿을 곳에서
탄생한 활판 인쇄술이지만 오스만튀르크에는 277년 뒤인 1727년에야 첫 인
쇄소가 설립됐다. 제국 관용 서류를 필사해주고 먹고살던 코란 필경사들이
이스탄불에만 8만 명이 있었다. 이들이 집단적으로 활판 인쇄를 반대했다.(닐
페크타스, 「오토만 수도에서의 인쇄술의 시작The Beginnings Of Printing In The
Ottoman Capital」, 『Studies in Ottoman Science』, 이스탄불대학교, 2015) 이
후 1839년 압둘 메지트 1세의 근대화 정책 시행 때까지 277년 동안 나라 전
체에서 출판된 책은 142종류였다. 1800년 관료 44명이 소장한 책 1,267권 가
운데 928권이 종교서였다. 유럽에 르네상스를 안겨다 준 이슬람 과학이 정체
돼버린 이유다.(수크루 하니오글루, 『마지막 오토만 제국 약사A Brief History of
the Late Ottoman Empire』, 프린스턴대 출판부, 2008, p38) 지구 반대편 조선에

서 벌어진 일과 유사하지 않은가.

1880년 파리외방선교회가 일본 요코하마에서 『한불자전』 500권을 찍었다. 한글 활자는 도쿄 히라노활판제조소平野活版製造所에서 제작했다. 최초의 한글 납활자다. 1883년 박영효가 일본에서 납활자를 들여와 국영 인쇄소 박문국을 설립했다. 박문국이 들여온 한글 납활자는 히라노활판제조소 후신인 츠키지활판제조소築地活版製造所에서 개발했다.(류현국, 「동아시아에 있어 서양인 선교사들이 개발한 한글활자」, 『한국패키지디자인학회 논문집』 38권, 한국상품문화대자인학회, 2014)

민간 서점이 본격적으로 생겨난 때는 1905년 을사조약 직전 『황성신문』과 『대한매일신보』가 '지식이 전무해 국가 존망이 자기와 상관없는 줄 알기에 나라가 위태롭다'고 각성을 촉구하면서부터다.(강명관, 「근대계몽기 출판운동과 그 역사적 의의」, 『민족문학사연구』 14권, 민족문학사연구소, 1999)

서점 없는 나라와 무서운 백성

각성 없는 그 시대를 허균은 이렇게 묘사했다.

"항상 눈앞 일에 얽매어 법이나 지키며 윗사람에게 부림 당하는 사람들을 항민恒民이라 한다. 항민은 두렵지 않다. 두려워해야 할 백성은 천지간天地間을 흘겨보다가 시대적 변고가 있으면 소원을 실현하고 싶어 하는 '호민豪民'이다. 호민이 팔을 휘두르며 소리 지르면 항민도 호미, 고무래, 창자루 들고 따라와 무도한 놈들을 쳐 죽이지 않을 수 없다. 지금 세금 5푼을 내면 4푼은 간사한 개인에게 흩어진다. 관청이 가난해 일만 있으면 1년에 세금을 두 번씩 매기고 수령들은 마구 거둬들인다. 그럼에도 위에 있는 사람은 태평스러운 듯 두려 워할 줄을 모르니, 호민이 없기 때문이다."(허균, 『성소부부고惺所覆瓿藁』11권, 「문부文部」, '호민론豪民論')

왜 호민이 없는가. 조선 정부가 호민이 될 여지를 없앴기 때문이다. '천지간 흘겨볼' 여유를 없애버리고 농사나 짓고 충성과 효도를 다 하도록 만들었기 때문이다. 세상에서 가장 쉽고 효율적인 문자를 가진 나라 백성은 그렇게 살 았다. 1771년 찌는 여름날 경희궁 궁내에서 발가벗긴 채 죽음을 기다리던 책 장사들 운명이 그러하였다. 땅의역사

08 | 상투 튼 원숭이들이 중국을 희롱하는구나

혐한론자 소동파와 그를 짝사랑한 한국인

혐오와 짝사랑 사이

소동파蘇東坡는 북송 때 문장가며 정치가였다. 시는 황정견黃庭堅과 함께 '황소黃蘇'라 불렸고 문장은 구양수歐陽脩와 더불어 '구소歐蘇'라 불렸다. 사詞(음률에 얹어 낭송하는 긴 시)는 신기질辛棄疾과 함께 '소신蘇辛'이라 했다. 서예는 북송사대가 중 하나요 그림 또한 유명했다. 송나라는 물론 한자문화권 주변 나라에까지 이름을 떨쳤다.

고려 지식인들은 소동파를 지극히 좋아했다. 현대 대한민국도 대개 그러하다. 성균관대박물관이 소장한 소동파 친필 '백수산불적사유기白水山佛跡寺遊記'는 원나라 인종이 고려 충숙왕에게 준 선물이었다. 마지막 소장자 유희강은 아흔아홉 칸 기와집을 팔아서 이 작품을 구입했다.

'고려 문사들은 소동파를 숭상하였으니, 과거에 급제한 명단이 나올 때마다 사람들이 "소동파 서른세 명이 나왔다(三十三東坡出·삼십삼동파출)"고 하

소동파의 '백수산불적사유기(白水山佛跡寺遊記)'. 원나라 인종이 고려 충숙왕에게 선물한 이 글이 흘러 흘러 대한민국까지 전해졌다. [성균관대학교박물관]

였다.'(서거정,『동인시화東人詩話』上 44) 호방하고 어휘가 풍부하여 고려인 기질에 맞았고, 노장사상과 불교적 철학이 무신란, 거란과 몽골 침입으로 어수선한 고려인들의 현실 도피적 심리에 맞았다.(허권수, 「송대문학특집: 소동파 시문의 한국적 수용」,『중국어문학』14권0호, 영남중국어문학회, 1988)

『삼국사기』를 지은 김부식金富軾에게 동생이 있었는데 이름은 부철富轍이다. 1123년 고려를 다녀간 송나라 사신 서긍徐兢은 이렇게 기록했다. "부식과 아우 부철이 시를 잘 쓴다는 명성이 있다. 그 이름 지은 뜻을 넌지시 물어보았는데, 대개 (소동파를) 사모하는 바가 있었다."(서긍,『선화봉사고려도경宣和奉使高麗圖經』) 소동파의 동파東坡는 호이고, 본명은 소식蘇軾이다. 소식에게도 글 잘 쓰는 동생이 있었는데 그 이름이 소철蘇轍이다. 아버지 김근이 두 아들에게 소식, 소철 형제 이름을 갖다 붙일 정도로 고려 지식인들은 소동파를 사모했다.

그런데 정치가 소동파는 조금 다르다. 소동파가 송나라에 파견된 고려 사신을 보고 이렇게 글을 쓴다.

'머리에 상투를 튼 짐승들이 배 안에서 사납게 쳐다보는구나(椎髻獸面 睢
盱船中·추계수면 휴우선중).'(소동파, 「황식언고려통북로黃寔言高麗通北虜(고려
가 북쪽 오랑캐와 통하고 있다고 황식이 말해주다)」, 『소식문집』권72, 中國古
典文學基本叢書, 北京, 中華書局, 1986)

그리고 한마디 덧붙인다.

'원숭이가 사람을 희롱한다는 말이 이치에 맞는다(胡孫弄人語 良有理·호
손롱인어 양유리).'

이 극단적인 혐한론자 소동파와 그를 짝사랑한 고려, 조선 지식인의 이야
기다.

고려인들의 동파 사랑

1074년 송나라로 파견된 고려 사신들이 소동파가 지은 시집을 사서 돌아
왔다. 구입한 곳은 항주杭州다. 항주는 이들이 항주에 들르기 3년 전 소동파가
부지사쯤 되는 통판通判으로 근무했던 곳이다. 162년이 지난 1236년 고려 전
주 목사 최군지가 『동파문집』을 출간했다. 1236년은 고려가 강화도로 도읍
을 옮기고 몽골과 항쟁하던 대몽항쟁 기간이었다. 문인이자 잘 나가던 정치
가 이규보가 그 발문을 썼다. '(동파의 글을) 손에서 떼지 아니하고 남은 향기
를 되씹어본다.' 태평성대도 아닌 엄혹한 시기에 안전한 강화도가 아닌 뭍에
서 동파의 여향餘香을 되씹겠다는 것이다.

앞에 언급한 김부식(1075~1151)은 소동파(1037~1101)와 마흔 살 차이가 났다. 대략 그 아버지가 소동파와 같은 연배였으니, 이미 살아 있을 때부터 동파는 고려 지식사회에 슈퍼스타가 돼 있었다.(김부식 동생 김부철은 훗날 김부의로 개명했다.)

이규보는 동파를 일러 '문장이 마치 금은보화가 가득해 끝이 없는 것과 같으니 이를 훔쳐 가더라도 해가 되겠는가'라고 했다.(이규보, 『동국이상국집』, 「답전리지논문서」) 본인 또한 시 잘 쓰는 이규보를 일러 최자는 '호매한 기세와 넉넉한 체모가 소동파와 같다'고 했다.(최자, 『보한집』) 목은 이색은 아예 '동파노인은 뜻이 커서 만장萬丈이나 되는 불꽃처럼 세차네'라고 절절하게 그를 찬양했으니(이색, 『목은시고』 권8), 소동파에 바친 고려 지식인들의 애정은 종교 수준에 가까웠다. 그런데 그 애정은 아주 순수한 짝사랑에 불과하였다.

고려를 경멸한 소동파

앞서 인용한 '원숭이' 글에서 소동파는 사천성 통판 진돈의 입을 빌려 고려인을 이리 묘사했다.

'원숭이가 사람 옷을 입고 말하는 대로 몸을 구부리고 돌리거나 고개를 들거나 숙인다. 자세히 관찰하니 거만하기 이를 데가 없다. 사람들은 "원숭이를 희롱한다"고 말하지만 사실상 원숭이에게 희롱당하고 있다는 걸 알지 못한다.' 송나라 속국이라 고개를 숙이는 척하지만 사실은 중국인을 능멸한다는 것이다. 그 원숭이들이 사신으로 왔더니 '사천성 관리와 기녀, 악단이 죄다 교외로 나가 맞이했고', '상투 튼 짐승들이 배 안에서 눈을 부릅뜨고 바라보더라'는 것이다.

원나라 문인 조맹부가 그린 소동파 [타이완 국립고궁박물원]

소동파는 중앙과 지방에서 관료로 근무하면서 수시로 반反 고려 상소문을 올리곤 했다. 항주 지사로 근무하던 1089년 소동파는 "한동안 고려 사신이 오지 않아 지방 관리들과 백성은 기뻐했지만 지난 17년 동안 그들이 자주 들어와 접대 비용이 이루 헤아릴 수 없다" 하며 "우리에겐 티끌만큼 이익도 없는데 오랑캐는 엄청난 이익을 얻어간다"라고 주장했다.(소동파, 『소식문집』권 30, 「논고려진봉장論高麗進奉狀」) 이듬해 또 올린 상소문에서 소동파는 "고려 사신 접대비용 10여만 관이면 굶주린 백성 수만 명을 살릴 수 있다"는 주장을 했다.(소동파, 「걸금상려과외국장乞禁商旅過外國狀」, 1090)

예부상서로 근무하던 1093년 올린 「논고려매서이해차자論高麗買書利害箚子(고려가 서적을 구입하는 건에 대한 득과 실 차자)」가 대표적이다. 고려 사신이 중국 서적을 구입하는 데 협조하라는 국자감 공문을 보고 올린 건의서다. 이 상소에는 고려가 송나라에 해악이라는 다섯 가지 이유가 적나라하게 적혀 있다.

첫째, 이들을 접대하는 비용은 모두 국고며 백성의 피땀이다. 둘째, 가는 곳마다 영민관을 만들고 사람과 말을 동원한다. 셋째, 고려가 받아 간 하사품은 거란과 나눠 먹는 게 틀림없으니 이는 도둑에게 무기를 빌려주는 꼴이다. 넷째, 고려 사신 목적은 조공이 아니라 간첩질이다. 다섯째, 고려에게 잘해주면 언젠가 거란놈들이 트집을 잡을 것이다.(소동파, 『소식문집』권35, 「논고려매서이해차자」) 두 차례 상소에 중앙정부는 아무 답을 하지 않았다. 그러자 소동파는 "지금 고려인들이 떠나서 처리할 도리가 없지만, 고려인 접대는 철저하게 잘못된 판단"이라고 또 한 번 상소를 올렸다.

걸핏하면 찾아오는 고려인 접대에 정부 재정은 물론 시방 재정과 백성들의 노역이 극심하지만 정작 얻는 것은 없다는 것이다. 고위직 공무원 입장에서 이해할 수 있는 관점이지만, 소동파에게는 '고려인을 원숭이 취급하는' 중화적인 자만심이 숨어 있다. 이런저런 이유로, 소동파에게 고려는 원숭이가 사는 나라에 불과했다.

1084년 소동파는 고려 사신 숙소 고려정을 지나며 이리 읊었다. '(백성을) 오랑캐에게 다 주어 노비가 되게 했으나 저들한테서 얻은 건 뭔지 모르겠구나 (盡賜昆邪作奴婢 不知償得此人無·진사곤사작노비 부지상득차인무).'

'필요 없지만, 오라니까 가준다' - 고려의 대송 실리외교

소동파가 집요할 정도로 고려를 혐오한 이유가 있었다. 그때 북송은 나라 꼬라지가 말이 아니었다. 북쪽에서 흥기한 거란족이 요나라를 세우고 송을 압박하던 때였다. 중화를 내세우며 대륙을 호령하던 한족은 송대에 이르러 더 이상 세상의 주인이 아니었다. 문화는 극치에 올랐지만 나라는 문약했다. 결국 송은 거란에 고개를 숙이고 서쪽으로는 서하西夏 눈치를 보며 살아야 했고, 행여 고려가 거란과 손을 잡지나 않을까 노심초사하며 살아야 했다.

중앙정부에서 책임지던 고려 사신 접대는 1074년 사신이 지나가는 각 군, 현에도 떠맡았다. '옛 준례가 없어서 백성들이 괴로웠는데, 이 해에 규정을 반포하고 비용은 관에서 지급하도록 했다.'(『송사』, 「외국열전 고려전」) 그러자 고려는, 소동파가 지적한 대로, 사치스럽게 접대를 받으며 귀한 책과 물건을 마음대로 얻어가며 송나라에 위세를 떨쳤다. 고려는 거란과 송 사이에서 절묘한 외교로 상업적 이득을 취한 실리적 나라였다.

그리하여 고려는 '문물과 예악이 흥행한 지 이미 오래인데다 상선 왕래가

끊이지 않아 진귀한 보물들이 날마다 들어오니, 중국에게서 도움받을 것이 없는' 나라가 되었다.(『고려사』 권8, 1058년 문종12년 8월) 소동파는, 원숭이 나라에게 막대한 경비를 지출하는 서글픔을 고려 혐오증으로 표현한 것이다.

기이한 짝사랑

그럼에도 불구하고 소동파는 고려 지식인들에게 스타였다. 조선 중기에 권력을 잡은 노론老論은 소동파를 경멸했다. 조선을 미워했다는 이유가 아니었다. 엉뚱하게도 주자와 함께 자기네 최고 위인인 정이程頤를 그가 비판했다는 이유였다. '소동파는 높은 지위와 기세로 이단의 설을 장황하게 늘어놓아 세상에 농간을 부렸다.'(송시열, 『송자대전』 131권, 「연거잡록」; 김근태, 「화서

오나라 왕 합려가 죽을 때 보검 3,000자루를 묻었다는 호구 검지

학파 문인의 소동파 인식과 비판」, 『한문고전연구』 33권, 한국한문고전학회, 2016, 재인용)

세월을 훌쩍 넘어 18세기가 되었다. 1790년 박제가가 사신으로 연경에 갔을 때, 청나라 학자 옹방강을 만났다. 옹방강이 만든 서재에는 보소재寶蘇齋라는 이름이 붙어 있었다. '소동파를 보물처럼 여긴다'는 뜻이다. 20년 뒤 박제가 제자인 추사 김정희가 또 옹방강을 찾아갔다. 연경 사신에게는 옹방강 방문이 유행이 됐고, 자연스럽게 소동파는 부활했다. 동파에 대한 존경은 '학자 자신이 청조 학예와 결연돼 있음을 가장 확실하게 나타내는 중요한 상징이 되었다'.(정민, 「19세기 동아시아의 모소慕蘇 열풍」, 『한국한문학연구』 49권 49호, 한국한문학회, 2012)

그 무렵 연경을 찾은 연암 박지원이 동파의 혐한론을 알게 되었다. 그 유명한 『열하일기』에 그가 이리 적었다. '우리나라가 동파에게 잘못 보였던 모양이다. 동파는 고려와 사귀는 게 실계失計(잘못된 정책)라고 생각한 것이다. 그가 쓴 글들을 보니 모두 국가를 위한 깊은 걱정이다.'(박지원, 『열하일기』, 「동란섭필銅蘭涉筆」)

소동파는 송나라를 걱정해 고려를 혐오하였다. 고려는 그 송나라를 이용해 이득을 취했다. 고려 지식인과 후대 조선 지식인은 이래도 저래도 소동파를 존경하였다. 정치가 소동파를 알았다면 어찌 됐을까.

나는 아주 오래전 중국 소주에 간 적이 있다. 그때 소동파가 "소주에 가서 호구탑을 보지 않으면 후회한다"고 했던 호구탑을 보았다. 당시엔 어리고 세상 물정을 몰라 그저 거대한 탑으로 보였다. 지금 소동파 친필 작품 이야기를 듣고 그 사진을 꺼내 보니 달리 보인다. 땅의역사

중국 장쑤성에 있는 소주(蘇州)에는 기울어진 탑이 있다. 이름은 호구탑(虎丘塔)이다. 소동파가 "소주에 가서 이 탑을 보지 않으면 후회한다"고 했던 탑이다. 소동파는 쇠락한 송나라에 찾아온 고려 사신들을 '원숭이'라고 부르며 경멸했다. 정작 고려는 물론 조선 지식인들은 그를 흠모했다.

09 | 8일 동안 나는 조선의 왕비였느니라

등극 8일 만에 쫓겨난 중종비 단경왕후릉의 비밀

경기도 양주에는 온릉溫陵이라는 왕릉이 있다.

2019년에 대중에 개방된 왕릉이다. 온릉은 조선 11대 국왕 중종의 첫 왕비인 거창 신씨 단경왕후릉이다. 중종이 왕위에 오르고 여드레 만에 이혼당한 왕비다. 연산군을 내쫓은 반정 세력에 떠밀려 왕이 된 중종은, 역시 반정 세력에 의해 강제로 이혼당했다. 작게는 한 여자의 일생, 크게는 16세기 초반 격랑에 휩싸였던 조선왕조 정치 이야기다.

조용하고 유약했던 중종

모두가 아는 바대로, 연산군은 폭군이었다. 그런 연산군에게 열두 살 어린 이복동생이 있었으니 이름은 이역이다. 1499년 나이 열한 살에 혼인한 이역은 이듬해 민가로 나갔다. 궁을 나가던 날 형은 대신들에게 곡식 7,000석과 살 집을 지어주라 명했다. 대신들이 나라 살림을 걱정해도 연산군은 막무가 내였다. (1500년 2월 13일『연산군일기』)

하지만 권력다툼 틈바구니에서 왕의 형제들은 숨죽이고 살아야 목숨을 부지할 수 있던 때였다. 게다가 그 형은 포악하기까지 했으니 진성대군 이역은 정말 조용하게 살았다. 어릴 적 사냥터에서 이 이복형은 "내 말보다 네 말이 궁궐에 늦게 도착하면 군법으로 다스리겠다"고 협박해 중종을 두려움에 떨게 만들기도 했다. (김시양, 『부계기문』, 1611) 그러니 곡식이고 뭐고 신축 가옥이고 뭐고 감사할 겨를이 없었다. 그저 조용하게 살았다. 그런데 6년 뒤 그 이복형을 몰아내고 자기가 왕이 된 것이다.

경기도 양주 장흥면 온릉(溫陵)은 조선 중종의 첫 아내 단경왕후 신씨의 능이다. 연산군을 몰아낸 반정 세력에 억지로 왕위에 오른 중종은 아내 신씨와 강제로 이혼당했다.

중종반정과 이혼당한 두 여자

1506년 9월 2일 반정 세력이 궁 밖에 있는 진성대군 집에 들이닥쳤다. 마침내 이복형이 자기를 죽이러 왔다고 생각한 동생이 자결하려고 하자 아내 신씨가 소매를 붙들었다. "군사의 말머리가 집을 향하지 않고 밖을 향해 있으면 반드시 공자公子를 호위하려는 뜻이니 알고 난 뒤에 죽어도 늦지 않으리." 부부가 사람을 시켜 바깥을 보니 과연 말 머리가 밖을 향해 있었다.(『연려실기술』권7,「중종조 고사본말」, '왕비 신씨의 폐위와 복위의 전말')

반정 세력은 이어 광화문에 진을 치고서 연산군 관리들을 모두 죽였다. 이조판서 신수근도 그때 죽었다. 기록에 따르면, '신수근이 땅에 떨어지자 하인이 엎드려 자기 몸으로 철퇴를 막으니 이심이 모두 쳐 죽였다. 이심이 넷을 죽이니 피가 튀어 얼굴에 가득하고 옷이 온통 빨개졌으나 공을 보이기 위해 며칠 동안 씻지 않고 옷을 갈아입지도 않았다.'(이자,『음애일기』, 16세기 초)

남편 자살을 저지했던 지혜로운 아내는 바로 신수근의 딸이었다. 쿠데타 일주일 뒤 반정 세력은 "신수근의 친딸이 궁궐에 있으니 밖으로 내치라"고 새 왕에게 요구했다. 왕은 "심히 마땅하지만 조강지처를 어찌하랴"고 답했다. 즉각 그들이 반격했다. "대계를 위해 결단하시라." 그러자 왕은 머뭇댐 없이 "마땅히 밖으로 내치겠다"고 답했다. 그날 저녁 신씨는 궁궐 밖으로 축출됐다.(1506년 9월 9일『중종실록』) 다음 날 "신씨가 나갔으니 왕비 책봉 차비를 미리 거행하라"는 요구를 왕은 그대로 수용했다. 또 2주일 뒤 반정 세력인 구수영이 "내 아들이 연산군의 사위였는데, 이제 장인이 죄인이 됐으니 이혼을 허락해달라"고 했다. 왕은 이 또한 허락했다. 여전히 유약했던 왕은 자기의 이혼도, 남의 이혼도 모두 허락할 수밖에 없었다. 8일 만에 쫓겨난 왕비와 이혼당한 연산군의 딸 휘신공주는 오래도록 한 집에 살며 한을 삭였다.

끝없이 휘둘린 중종

등극 1년이 지난 1507년 8월 마침내 반정 공신 우두머리 박원종의 사돈 집안인 후궁 숙의 파평 윤씨가 새 왕비로 책봉됐다. 1515년 봄 왕비가 아들을 낳았다. 엿새 뒤 왕비는 "꿈에 아이를 낳으면 이름을 억명憶命이라 하라고 했다"고 말하고 죽었다.(1515년 3월 7일『중종실록』) 중종을 이어 인종이 된 억명은 '억만세를 누리라'는 이름과 달리 서른 살에 요절했다. 왕비는 장경왕후 시호를 받았다.

왕비가 산후통으로 죽고, 새 왕비 책봉이 거론됐다. 세간에서는 폐위된 신씨를 복위시키자는 논의가 일었다. 반정 공신들이 자기네 목숨 부지를 위해 만든 희생양에 불과하다는 논리였다. 그해 8월 담양부사 박상과 순창군수 김정이 "자기 보전을 위해 국모를 병아리 새끼 팽개치듯 내쳤으니 울분을 품은 지 오래"라고 복위를 청하는 상소를 올렸다.(1515년 8월 8일『중종실록』)

자기를 살려준 조강지처였으니 중종 또한 복위 논의를 기다렸지 않았을까. 그런 기미는 보이지 않았다. 공신들이 반대하자 중종은 "왕후가 죽자마자 울분을 품어왔다고 말하니 평소 무슨 생각을 하고 있는지 알겠다"며 이들 벼슬을 박탈하고 귀양을 보내버렸다.(『연려실기술』)

복잡하지만, 잠시 이후 결혼을 중심으로 왕실에서 벌어진 일들을 알아보자. 1517년 중종은 장경왕후의 8촌인 파평 윤씨를 간택해 새 왕비로 삼았다. 중종은 후궁을 여럿 두고 있었으나 이들 또한 권력 투쟁 과정에 모두 배제됐다. 17년 만인 1534년 드디어 문정왕후가 아들 환을 낳았다. 그때 장성왕후

소생 왕자 억명은 스무 살이었다. 9년 뒤 중종이 죽었다. 억명이 인종으로 등극했다. 그리고 1년 뒤 인종이 죽었다. 세자가 없었다. 그리하여 권력을 등에 업고 미모를 내세워 활개 치던 후궁들 틈에서 절치부심하던 문정왕후의 아들이 왕위에 오르니, 그가 명종이다. 폐위된 신씨는 그 어느 구석에도 들어갈 틈이 없었다.

끝내 아내를 찾지 않은 남편

그 사이에 중종은 혁신 사림파 조광조를 등용했다. 끝없이 공신들을 공격하는 사림을 공신들은 두고 보지 않았다. 후궁들과 연합해 조광조를 역적으로 몰았다. 폐비 신씨 복위를 주장하며 중종 역린을 건드리던 조광조는 결국 1520년 사약을 받고 죽었다. 이어 벌어진 공신들 내부 투쟁에서 후궁 경빈 박씨가 주술을 동원한 역모에 휘말려 죽었다. 경빈 박씨 아들 복성군도 죽었다.

폐비 신씨가 서울 인왕산 치마바위에 하루 같이 다홍치마를 걸어놓고 남편을 그리워했다는 민담도 전한다. 하지만 남편 진성대군, 국왕 중종이 그녀를 마음에 품고 있었다는 흔적은 찾아볼 수 없다. 복위를 청하는 상소를 징벌로 배척했던 남편이었다. 두 번째 왕비 장경왕후가 죽었을 때 해산을 돕던 의녀 대장금이 의료사고를 냈다며 벌하자고 하자, "아이를 낳는 데 공이 있었으니 큰 상을 받아야 할 사람"이라고 했던 왕이었다. (1515년 3월 21일 『중종실록』)

뿔뿔이 흩어진 왕과 왕비들

끝내 복위되지 못한 신씨는 문정왕후의 아들 명종이 한창 권력을 구가하던 1557년까지 살면서 그 광경을 모조리 지켜보았다. 공신에게 휘둘리던 겁쟁이

전남 화순에 있는 중종 때 사림파 조광조의 유허비. 조광조는 거친 개혁 드라이브 끝에 화순에서 사약을 받았다.

서울 강남에 있는 중종의 능 정릉. 정릉은 임진
왜란 때 일본군이 불태워 텅 비어 있다(위). 단경
왕후 표석. 6·25 때 흔적이 처참하다(아래).

남편이 사림파에게 또 휘둘리던 그 모습을 다 보고 일흔 살에 죽었다. 신씨는 경기도 양주에 있는 거창 신씨 선산에 묻혔다.

장경왕후는 경기도 광주에 묻혔다가 고양으로 천장됐다. 지금 경기도 고양 서삼릉에 있는 희릉이다. 중종은 그 희릉 옆에 묻혔다가 1562년 세 번째 왕비 문정왕후에 의해 멀리 떨어진 한강 남쪽으로 천장됐다. 서울 강남 선정릉의 정릉이다.

문정왕후는 3년 뒤 아들 명종의 섭정을 마치고 죽었다. 원래 천장된 중종 묘 옆으로 땅을 잡았으나 비가 오면 땅이 침수돼 결국 강을 건너지 못하고 태릉에 장사지냈다. 태릉은 서울 노원구에 있다. 실록 사관은 '왕후의 계책이 마침내 이루어지지 못했다'고 기록했다.(1565년 5월 30일『명종실록』) 사후까지 이어진 투쟁 끝에 왕과 세 왕비가 모두 따로 잠들어 있는 것이다.

왕릉들의 기이한 훗날

왕과 왕비들이 죽고 세월이 흐르니, 1592년 4월 임진왜란이 터졌다. 그해 9월 일본군이 중종릉인 정릉을 파헤치고 관을 불태웠다. 중종 시신은 끝내 찾지 못했다. 지금도 정릉 봉분 속 관은 비어 있다. 석 달 뒤 문정왕후의 태릉과 그녀 아들 명종의 강릉이 훼손됐다.

폐비 신씨는 그녀가 죽고 182년 만인 1739년 영조 때 복위돼 '단경왕후' 시호를 받고 무덤 또한 왕릉으로 격상됐다. 온릉 주변은 훗날 6·25 때 전쟁터로 변해 비각 속 표석은 탄흔투성이고 봉분을 지키는 석마石馬는 턱이 달아나고 없다. 여기까지가 16세기 초 왕비를 둘러싸고 조선 왕실에서 벌어졌던 권력 투쟁의 한쪽 얼굴이니, 참 덧없다. 땅의역심

10 | 세계 최첨단 조선 요업 기술은 완전히 몰락했다

집단 아사한 도공 39명과 첨단 요업 국가 조선의 몰락

조선백자는 고려청자와 함께 대한민국이 세계만방에 자랑하는 문화유산이다. 그런데 아귀가 맞지 않는 기록들이 몇 있다.

우선 서울 국립고궁박물관에 있는 대한제국 황실 '백자꽃무늬병'은 영국제다. 병 아래에는 영국 '사이몬 필딩'이라는 회사 마크가 찍혀 있다. 대한제국 황실 문양이 금색으로 박혀 있는 '백자오얏꽃무늬탕기' 제조사는 일본 '노리다케Noritake'이고 제조 연도는 1907년이다.

바로 그 무렵 러시아제국이 조선을 노리며 만든 1,256페이지짜리 보고서(『한국지КОРЕИ』, 1900)에는 이런 내용이 실려 있다.

'일본이 한국인들로부터 자기기술을 전수받았다고는 상상할 수가 없다.'
(한국정신문화연구원, 『국역 한국지』, 1984, p493, p500)

마지막으로 1697년 숙종 때 기록은 이렇다.

'(왕립도자기공장인) 경기도 분원에서 굶어 죽은 도공이 39명이나 됩니다.'
(1697년 윤3월 6일 『승정원일기』)

명나라, 베트남과 함께 첨단 백자 원천기술 보유국인 조선에서, 그 제조 기술자들은 집단 아사餓死했고, 기술은 몰락했고, 그 결과 대한제국 황실에서는 일제 그릇을 수입해 썼다는 모순된 이야기다.

국가가 독점한 백자 생산과 수요

1428년 명나라 황제 선덕제가 조선 국왕 세종에게 청화백자를 선물했다. 그때 조선은 청자에 흰색 유약을 바른 분청사기를 만들고 있었다. 하지만 고려 때부터 상감청자 제조 기술이 탁월했던 조선은 곧 청자보다 높은 열이 필요한 백자 생산에 성공했다. 그 우윳빛 자기에 명나라에서 수입한 푸른 안료를 덧씌우니 명나라 황제 하사품인 청화백자 제조 기술도 곧 습득했다. 조선 왕실은 전국 자기 장인들로부터 관청용 청화백자를 세금으로 거둬 수요에 충

대한제국 황실에서 사용한 영국제 '백자꽃무늬화병'(왼쪽)과 일본제 '백자오얏꽃무늬탕기'(오른쪽). 구한말 조선에서는 이런 그릇을 만들 수 있는 기술이 전무했다. [국립고궁박물관]

당했다.

그러다 1467년 경기도 광주에 왕립 자기 공장인 관요官窯를 설립하고 직접 자기를 생산하기 시작했다. 그런데 청화백자를 만드는 회회청回回靑 안료는 수입품이었다. 그리고 명나라가 회회청 수출을 금지하면서, 기술은 있어도 제품을 만들지 못하는 일이 벌어졌다.

그리하여 1485년 조선 정부는 개국 93년 만에 성문법전을 종합해 『경국대전』을 펴내고 이렇게 규정했다. '금이나 은 또는 청화백자로 만든 그릇을 사용하는 서민은 곤장 80대 형에 처한다.'(『대전통편』, 「형전」, '금제') 서민은 청화백자를 사용할 수 없게 됐다는 뜻이다. 역으로, 서민 위의 신분은 값비싼 청화백자를 사용할 독점적 권리가 있다는 뜻이다. 조선백자를 조선 백성이 구경도 할 수 없는 시대가 계속됐다.

직업 선택권이 없던 도공들

자기 제작은 기술을 배우는 데 시간이 걸리는 데다, 안정적인 자기 공급을 위해서는 적정 인원을 유지해야 했다. 그래서 관요에서 그릇을 만드는 사기장沙器匠은 세습직이었다. 1542년 편찬된 법령집 『대전후속록』은 '사기장은 그 업을 대대로 세습한다'고 규정했다. 또 『경국대전』은 왕실 자기 관리기관인 사옹원 소속 사기장 인원을 380명으로 규정했다. 처음에는 전국 사기장 1,140명이 3년 단위로 차출됐다가 숙종 대에는 아예 관요 주변에 마을을 만들고 사는 전속 장인들로 관요를 운영했다. 무슨 말인가 하면, 직업 선택의 자유와 거주 이전의 자유가 박탈된 세습 장인이었다는 뜻이다. 이들은 가마를 땔 나무를 찾아 경기도 광주 경내를 이동하며 가마를 만들고 그릇을 만들었다. 320

군데가 넘게 발굴된 광주시 가마터 주변에는 사기장들과 그 가족들로 큰 마을을 이루곤 했다.

굶어 죽은 도공들

그런데 1697년 어느 봄날, 그 광주에서 도공 39명이 한꺼번에 굶어 죽은 것이다. 도공은 그 직업이 천한 공업인지라 신분은 천민이거나, 평민임에도 불구하고 천민 취급을 받는 '신량역천身良役賤'이 대부분이었다.(한국학중앙연구원,『한국민족문화대백과사전』) 이들은 그릇을 굽는 업무를 제외하고는 그 어떤 일도 할 수 없었다.

1697년 광주 관요에서 올라온 보고는 이러했다. '이들은 원래 농업이나 상업으로 생계를 꾸릴 방도가 없고, 지난해 개인 판매용 그릇을 굽지 못하여(本無農商資生之道 且失上年私燔之利·본무농상자생지도 차실상년사번지리) 모두 굶주리게 되었나이다.'(1697년 윤3월 6일『승정원일기』)

한두 명도 아니고 마흔 명에 이르는 전문직업인이 한꺼번에 아사했다! 굶어 죽은 자는 39명이었고 힘이 없어 거동을 못하는 자는 63명에, 가족이 흩어진 집이 24집이었다. 남은 자들도 그릇 형태를 만들지 못할 지경이었다.(1697년 윤3월 2일『승정원일기』)

관요에서 도주한 자는 곤장 100대에 징역 3년 형으로 처벌한다는 규정(『전록통고』,「형전」, '사옹원 사기장 도망')이 있을 정도로 도공 생활은 힘들었다. 조선 정부는 지킬 수 없는 법으로 견딜 수 없는 의무를 국가 수요를 위해 강제했다.

위 보고에 '사번私燔을 하지 못했다'는 대목이 나온다. '개인 용도로 그릇을

번천리 가마터에서 나온 '갑발'의 한글. '손맜소니'라고
적혀 있다.

굽지 못했다'라는 말이다. 국가 재산과 시설로 개인적인 이권을 챙긴 범죄행
위지만 이 같은 상황에서 사번은 공공연하게 행해지고 묵인돼온 관행이었다.

금지된 영리 행위, 기술의 실종

집단 아사사건 57년 뒤인 1754년 7월 17일 영조는 '용이 그려진 왕실용 그
릇 외에는 청화백자를 금한다'고 명했다. 값비싼 회회청이 사치 풍조를 조장
한다는 게 이유였다. 결벽증이 있을 정도로 검소했던 영조는 또 '기교와 사치
폐단을 막고 장인들의 일을 덜 수 있도록 장식이 달린 부채 제작을 금지한다'

고 선언했다.(1768년 8월 8일 『비변사등록』)

영조를 이은 정조도 같은 정책을 이어받았다. 재위 15년째 되던 1791년 9월 24일 정조는 '괴이하게 생긴 그릇을 비밀히 만드는 자들은 모두 처벌하라'고 명했다.(1791년 9월 24일 『정조실록』) 4년 뒤 정조는 '내열 덮개(갑발)를 씌워 먼지와 파손을 막는 고급 자기 제작을 금하라'고 명했다. 이를 '갑번甲燔'이라고 한다. 그리고 상황을 조사하고 돌아와 "갑번을 허용해야 한다"고 보고한 어사를 의금부에 넘겨버렸다.(1795년 8월 1일 『일성록』)

갑번을 금하고 어사 감찰을 지시한 이유는 이러했다. '사기沙器의 낭비는 사치스러운 풍조의 일면이다. 갑번을 금지하면 사기장들이 이득을 보지 못한다니 이보다 더 해괴한 일이 없다.' 이미 7개월 전 갑번 금지 문제가 안건에 올랐을 때 조정에서는 이런 합의가 이뤄져 있었다. '전에도 나름대로 생계를 꾸렸을 텐데 감히 원통하다고 말할 수 있겠습니까.'(1794년 11월 16일 『일성록』, '좌의정 김이소 보고') 다른 데에서 돈을 버는데 왜 사번까지 허용해 사기장들 배를 불려줘야 하느냐는 논리였다.

그런데 더 본질적인 이유가 있었다. 기술자에게만 차별적으로 적용되는 위선적인 윤리와 법이다. "(사번을 허용하면) 귀천에 구별이 없어지고 법금이 확립되지 않는다(貴賤無別法禁不立·귀천무별법금불립)."(1795년 8월 6일 『정조실록』) 국왕 정조가 한 말이다.

정조는 사기장들에게 사적 용도로 그릇 제조 금지를 명하는 명령문을 각 공장에 현판으로 걸어두라고 명했다. 천한 것들은 돈 벌 궁리하지 말고 천한 대로 살다 죽으라는 말이다. 그리하여 천한 사기장이 이득을 취하면 규율이 서지 않는, 그런 세상에서 첨단 요업 기술자가 곪아 죽었다. 기술노 함께.

기술 방치의 참혹한 결과

첨단 자기 제조술 보유국이 그 기술자와 생산품을 무시한 결과는 참혹했다. 1597년 정유재란 때 일본 무장 나베시마 나오시게鍋島直茂, 시마즈 요시히로島津義弘 부대는 가는 곳마다 조선 사기장을 대거 납치해 끌고 갔다. 이들이 휩쓴 지역은 영남과 호남, 충청, 함경, 강원도로 관요가 있는 경기도 광주는 포함돼 있지 않았다. 그러니까 각 지역 민요民窯를 운영하던 사기장들이 대거 납치됐다는 뜻이다.

그 사기장들이 귀환했다는 기록은 어디에도 없다. 귀환을 거부했다는 기록은, 일본 기록은 물론 조선통신사 기록에도 숱하게 나온다. 이유는 충분히 짐작할 수 있다. 조선 기록 어디에도 이름을 남기지 못했던 조선 사기장 후손들이 이삼평, 심수관 같은 이름으로 지금도 일본에서 활동하고 있으니까.

조선 관요인 경기도 광주 번천리 5호 가마터 복원 현장. 관요에서 근무한 사기장들은 직업 선택의 자유, 거주 이전의 자유는 물론 영업할 권리도 박탈된 기술자들이었다.

구한말 외교 담당 부서인 통리아문의 서류를 모아놓은 「소지등록^{所志謄錄}」 1891년 2월 16일 자 모음집에는 이봉학이라는 사람이 이렇게 건의한 내용이 적혀 있다.

'우리나라 장인은 백 가지 제조 기술이 극히 어둔한데, 특히나 사기장이 심각해 외국 제품에 밀려 폐업하기 일쑤다. 그러니 일본 장인 2명을 고용해 배우려 하니 허가 바란다.' 막말로, 게임이 끝난 것이다. (국사편찬위원회, 『각사등록』 근대편, 「소지등록」 3, '일본인 기술자 고용 허락 건')

그 상황을 1900년 러시아 정부 조사단은 이렇게 요약했다. '한국인들은 제조업 몇 분야에서 이웃나라인 일본인들의 스승이었다. 일본은 도기와 칠기 기술을 배워갔다. 그러나 이후 한국인들 자신은 이 제조 기술을 완성하는 일을 중지했을 뿐 아니라 과거 수준을 유지할 능력조차 갖지 못하게 됐다. 최근에는 더욱 퇴보하여 거의 예외 없이 서글픈 상태에 놓여 있다. (중략) 현재의 조잡한 한국 자기 제품을 보면 일본인들이 한국인들에게 그 기술을 전수받았다고는 상상할 수 없다.' (한국정신문화연구원, 『국역 한국지』, 1984, p494 등)

1881년 조사시찰단 단원으로 일본을 다녀온 젊은 관료 어윤중이 고종에게 이렇게 보고했다. '일본에 딴 뜻이 있냐 여부는 우리에게 달린 것이지 그들에게 달린 것이 아니다. 우리가 부강의 길을 얻어 행하게 되면 저들은 감히 다른 뜻을 품지 못할 것이다. 이웃나라의 강함은 우리에게는 복이 아니다.' (어윤중, 『종정연표』, 한국사료총서 6집, 1881년 12월)

훗날 고종은 그 강해진 이웃나라 일본 그릇회사 노리다케에 대한제국 오얏꽃 문양을 넣은 탕기를 주문해 사용했다. 첨단 요업 기술국의 철저한 몰락이었다. ^{땅의 역사}

11 | 역관들의 바보짓에 일본으로 넘어간 조선의 첨단 의학

역관 집단의 밀수 행각과 산업스파이 사건

시구문과 조선의 역병

병자호란 때 인조 일행이 남한산성으로 도망갈 때 통과했던 문은 광희문 光熙門이다. 숭례문과 흥인지문 사이, 서울 신당동에 있다. 신당동에 있는 시장 이름은 시구문시장이다. 시구문屍口門은 한양 도성 안에서 죽은 사람이 운구 되던 문이다. 도성 서쪽에 있던 소의문과 함께 광희문은 시구문으로 쓰였다. 지금도 옆에 있는 시장 이름은 시구문시장이다.

조선시대 역병이 한번 번지면 기본적으로 사망자가 1,000명 단위였다. 중종 19년~20년(1524~1525) 2년 사이에 2만 2,602명이 죽었고 선조 9년 (1576)에는 평안도에서만 1만 4,000명이 죽었다. 인조 21년(1643) 12월에는 전라도에서 1만 명이 넘게 죽었다.(변정환, 「조선시대의 역병에 관련된 질병 관과 구료시책에 관한 연구」, 『동서의학』 10권 1호, 대구한의대학교 제한동의 학술원, 1985)

서울 광희문. 도성 안 시신을 운구해나가던 문이라 시구문(屍口門)이라고도 불렀다.

숙종 24년(1698)에는 서울에서만 1,582명이 죽었고 팔도에서는 2만 1,546명이 죽었다.(1698년 12월 28일『숙종실록』) 실록은 이 해에 참혹함이 '실로 전고에 없던 바(實前古所未有也·실전고소미유야)'라고 기록했으나 이 듬해 기록은 깨졌다. 이듬해 여역癘疫(돌림병)이 치열하여 서울에 강시僵尸(묻지 못한 시신)가 3,900구이고, 각 도 사망자는 도합 25만 700명이었다.(1699년 12월 30일『숙종실록』) 시각이 늦어 통행금지가 걸리면 시구문 안쪽에는 운구되지 못한 시신이 첩첩이 쌓였다. 흑사병이 창궐한 유럽에서도 사람들을 교회로 집합시켜 기도로 병마를 퇴치하려다가 떼죽음을 당하기도 했으니, 지구촌 위생학은 딱 그 수준이었다.

『동의보감』과 일본의 토착화

한 나라 인구를 들었다 났다 하는 질병에 대해 각국 정부의 관심은 지대했다. 조선에서는 임진왜란 와중인 1596년 선조의 명에 의해 의서 편찬 사업이 시작됐다. 어의 허준이 총지휘한 편찬 프로젝트는 1613년 『동의보감東醫寶鑑』으로 꽃을 피웠다.

중국은 『동의보감』이 중국 의서를 근거로 그 내용을 훌륭하게 정리했다고 칭찬했고, 조선 의사들은 이 책이 의학의 핵심을 다 잡아낸 것처럼 맹종했다.(신동원, 『동의보감과 동아시아 의학사』, 들녘, 2015, p369)

일본은 조금 달랐다. 50년 뒤 일본은 이 『동의보감』을 공식 수입해 참고서로 삼았다. 책을 수입하는 데 그치지 않고, 아예 일본 것으로 토착화시켜버렸다. 그런데 이 토착화 사업 성공 배경에는 일본 정부에 약점을 단단히 잡힌 조선 외교관 집단의 간첩 행위가 핵심 변수였으니 서기 1721년 조선 경종, 일본 도쿠가와 요시무네 쇼군 시대였다.

『동의보감』에 집착한 요시무네

1718년 일본 대마도주는 8대 쇼군 도쿠가와 요시무네에게 서고에 비장하던 『동의보감』 전질을 헌상했다. 책을 받고서 이틀 뒤 요시무네는 참모에게 "한글로 적힌 이 약재의 일본 이름을 알려달라"고 명했다. 아무도 그 뜻을 알지 못하자, 요시무네는 다음 명령을 내렸다. '조선에는 있고 일본에는 없는 것들, 일본에는 있고 조선에는 없는 것들을 전부 조사해서 문서로 만들어 바치

라.'(국사편찬위원회,『분류기사대강』8, 1718년 4월 3일)

조선의 약재, 특히 고가의 수입약재인 인삼에 대해 관심이 많았던 요시무네였다. 당시만 해도 의학 선진국이었던 조선의 의학을 대중화하고 인삼 수입에 따른 무역 역조를 줄이려는 의도였지만, 대마도가 어떤 방법을 써도 젊은 쇼군은 만족하지 않았다.

3년 뒤 대마도에 조선 '문위행問慰行' 일행이 도착했다. 조선 국왕 왕명으로 일본 수도 격인 에도江戸의 막부 쇼군을 방문하는 조선 외교관을 통신사라 하고 종3품 예조참의 명으로 대마도주를 찾는 외교관 일행을 문위행이라고 한다. 문위행은 역관으로 구성돼 있었다. 1721년 3월 일행 88명을 이끌고 대마도로 간 문위행 정사는 최상집이었다. 전례에 따라 이들은 몸수색을 마치고 배에 올라 출발했고, 넉 달 뒤인 윤6월 무사히 돌아왔다.(『변례집요』권18, 「도해」)

기절초풍할 밀수집단 문위행

대마도에서 조선으로 귀국하기 직전, 누군가의 밀고로 임진왜란 이후 최대 규모의 밀수사건이 적발되고 말았다. 상인과 선원 몇 명, 문위행 일행 8명으로 시작했던 밀수꾼 인원은 시간이 갈수록 늘어나더니 문위행 부사 이장은 물론 정사 최상집까지 공모한 문위행 전원의 집단밀수사건으로 확대됐다.(다시로 가즈이,『왜관』, 논형, 2005, p271) 조선 기록인『변례집요』에는 문위행 인원이 88명인데, 일본 기록에는 65명으로 나와 있다.

배를 뒤지니 배 밑바닥과 쌓아놓은 선물상자 여기저기에서 밀수품이 쏟아져 나왔다. 소지품을 압수 수색한 결과 밀수 총물량은 은 2,251냥, 금 21냥,

일본 금화 21냥에 팔고 남은 인삼 80근이었다. 그 전해 에도에서 판매된 인삼 총량이 550근이었는데, 이들이 밀수했던 인삼은 최소 200근으로 추정됐다.(다시로 가즈이, 앞 책)

이들은 외교관인 동시에 한양 부호들이 맡긴 인삼을 대마도에 내다 파는 사무역으로 이문을 취하는 장사치이기도 했다. 게다가 이들이 금, 은을 압수당하고 귀국하자 왜관 업무에 종사하는 조선 고위관리 6명이 왜관을 찾아와 은을 돌려달라는 탄원서를 제출했다. 외교사절이 아니라 밑바닥부터 고위층까지 조직적으로 준비한 밀수단이었다.

약점 잡힌 외교관, 산업스파이

막부로부터 약재 조사 압박을 받던 대마도는 이들을 무죄 방면하며 기가 막힌 계책을 내놓았다. 대마도 측이 제시한 '신법' 5개조는 밀무역 재발 엄금은 물론 선박과 신체 수색을 의무화했다. 그리고 이런 규정이 삽입됐다. '전력을 다해 왜관이 실시하는 약재 조사와 인삼 생초 확보에 협력할 것.'

그 다섯 개 조항을 달달 외우며 문위행 일행이 '무사히' 동래로 귀국한 것이다. 귀국선에는 조선 외교문서 담당관인 고시 쓰네에몽越常右衛門이 동행했다. 이번에는 기록관이 아니라 '약재 질정관質正官(약재를 검수하는 관리)'이었다.

쓰네에몽은 최상집과 이장, 그리고 왜관 조선 관리인 전현직 훈도의 협조 속에 차근차근 약재 수집 작업을 진행했다. 비용은 전부 대마도가 부담하되 '박물다식博物多識'한 전문가까지 지원받아 이뤄졌다. 두 달 만인 9월 쓰네에몽은 스무 가지 식물 열매와 뿌리, 잎사귀와 그림과 이름을 수집해 대마도로 보냈다. 그리고 10월 25일 마침내 대마도주는 쇼군에게 조선 인삼 생뿌리 3개를 헌상했다. 그리고 1727년 12월 9일 대마도는 대마도에서 재배한 인삼 한 뿌리를 막부에 헌상했다.(정성일,『조선 후기 대일무역』, 신서원, 2000, p246)

18세기 조선의 동식물

밀수에 간여한 역관들이 입을 다물고 있는 사이, 일본에서 파견된 질정관은 독자적으로 조선 동식물 조사에 착수했다. '동래 약방의 허 비장이 푸조나무 가지와 잎, 열매를 보내주었다.'(『약재질정기사』, 1721년 7월 27일, '쓰네에몽의 장부') 일본인 질정관은 이들 조선인에게 은으로 경비를 지불했다.

전직 훈도 이석린은 '박물다식한 박 첨지'를 대동해 일반인 출입이 금지된 왜관으로 들어갔다. 박 첨지는 '글재주가 있어서 상의도 할 수 있는 데다 초목조수 아는 것이 14, 15종이나 되었다.'(『약재질정기사』, 1721년 10월 6일,「왜관 관수가 보낸 편지」) 역관의 알선과 사례로 약재 수집에 동원된 조선인은 박 첨지, 이 참봉, 박 서방 및 서울 사람 김 첨지, 승려 현오, 치백 등이었다.

이들이 수집한 조선 약재는 지역으로는 함경도에서 거제도까지, 종류로는 흰꽃뱀에서 고슴도치와 각종 식물까지 다양하고 광범위했다. 질정관 쓰네에몽은 함께 간 화가와 함께 이들을 도록으로 만들어 동식물 44종류의 한글 이름과 일본 명칭, 효능을 기재해 일본으로 보냈다. 조사과정은『약재질정기사』라는 보고서로 만들었다.

인삼 국산화와 돼지똥물

1747년 일본에서『조선인삼경작기』가 출간됐다. 마침내 종자는 물론 재배까지 일본화에 성공한 것이다. 그리고 1767년 일본에 최초의 전문 삼업蔘業이

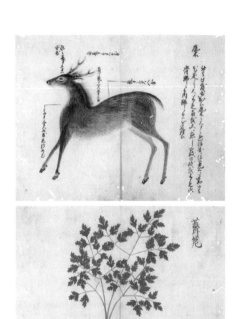

1721년부터 5년 동안 도쿠가와 요시무네의 명으로 대마도가
제작한 『약재질정기사』 도록. 조선의 동식물을 총천연색으로
그리고 이들의 이름과 크기도 세밀하게 기록했다. 위에서부터
순서대로 '사슴', '제니(薺苨)', '원앙 암컷(鴛鴦雉)'. [국사편찬위
원회]

탄생하고 청나라로 수출까지 하게 됐다.(장일무, 『한국인삼산업사』 1, KGC 인삼공사, 2018, p270)

이듬해 10차 통신사를 수행한 조선 의사 조숭수에게 오사카에서 온 의사 다나카 쓰네요시가 물었다. "우리나라에 광견병이 유행해 개들이 미쳐 날뛰고 사람을 보면 번번이 물었다. 귀국에 좋은 처방이 있으면 가르침을 베풀어 달라." 두 나라 의사끼리 필담으로 진행된 대화에서 조숭수는 함께 있던 조선 의사들과 토론 끝에 답을 내놨다.

"돼지똥물을 쓰되 마시면 된다(用猪糞水 呷之耳·용저분수 합지이)."(『화한창화부록和韓唱和附錄』: 김형태, 「통신사 의원필담에 구현된 조일 의원의 성향 연구」, 『열상고전연구』 35집, 열상고전연구회, 2012, 재인용) 두 의사가 만나기 26년 전 사익에 눈먼 외교관 무리의 행위와 겹치는 어이없는 풍경 아닌가.

조선에서는 『동의보감』 이후 이 책을 모범으로 삼아 의약을 발전시켜나갔다. 하지만 허준과 같은 대담한 시도가 한 번도 시도되지 않았다.(신동원, 앞 책, p328) 그저 『동의보감』을 금과옥조처럼 여겼다는 뜻이다. 순조 22년인 1822년 8월 2일 함경감사 이면승이 이렇게 보고했다. '도내에 전염병으로 사망한 자가 자그마치 1만 500명이나 되었다.'(1822년 8월 2일 『순조실록』) 돼지똥물로 더 이상 고칠 수 없는 질환이었다. 땅의 역사

12 | 그 많던 절들은
어디로 다 가버렸을까

조선왕조 불교 탄압기

강원도 원주에 있는 거돈사지. 임진왜란 탓도 있지만 축대가 온전하고 불상들 목이 달아난 흔적으로 미뤄볼 때 성리학 과격파들이 고의로 파괴한 부분도 보인다.

〈의승義僧〉

- **정의**: 임진왜란 때 의병으로 참전한 승려들. 조선 후기에는 남한산성 및 북한산성 등에 교대로 상번하던 지방 승군들을 통칭하는 용어로 쓰임.(한국학중앙연구원,『조선왕조실록 전문사전』)
- **특징**: 죽을힘을 다한다(盡其死力·진기사력).(1669년 6월 20일『현종실록』)
- **사회적 대우**: '놀고먹는 자 가운데 으뜸(倖民中僧尼爲最·행민중승니위최).'(1669년 1월 4일『현종실록』, '송시열')

그랬다. 승려를 '군軍'이라 칭하며 부역에 갖다 쓰고, 죽을힘을 다해 임무를 완수하는 그들을, 그들을 부려먹는 사대부들은 놀고먹는 놈이라 불렀다. 승려들이 남한산성과 북한산성 만들고 종이 만들어 사대부 읽을 경전 찍는 사이에 그네들이 살던 대찰은 방화로 사라졌다. 누가 태웠나. 그 사대부들이 태웠다. 짧게 보는 조선왕조 불교 탄압 전말사다.

조선왕조 개국하던 때

1392년 7월 17일 이성계가 개경 수창궁에서 왕위에 올랐다. 다섯 달 뒤인 12월 6일 양광도(광주와 양주)와 경상도 안렴사(도지사) 조박과 심효생이 "상중에는 부처 공양을 금하겠다"고 보고했다. 임금이 고개를 저으며 이리 말했다. "대유학자 이색도 부처를 숭상했거늘, 이 무리들은 무슨 글을 읽었건대 부처를 좋아하지 않는가?"(1392년 12월 6일『태조실록』)

38년 뒤 손자인 4대 국왕 세종이 신하에게 물었다. "중국엔들 유학자가 없어서 중국에 불교가 융성함을 몰랐겠는가?" 그러자 호조판서 안순이 이리 답했다. "불교를 너무 좋아해서 자기 나라 운명이 오래가지 못했다고들 합니다."(1430년 11월 12일『세종실록』)

왕조를 바꾼 역성혁명 동지는 성리학으로 중무장한 신흥사대부였다. 타도 대상인 고려 말 실세는 불교 세력이었다. 혁명 구호는 당연히 억불抑佛이었다. 이론에 대한 공격보다는 불교 세력이 저지른 악행을 문제 삼았다. 옛 지배 세력 뿌리를 뽑아야 새 지배 질서가 구축될 수 있었으니까.

혁명에 군사력을 제공한 전주 이씨 왕족은 그게 이상했다. 왜 불교를? 성리학 사대부 집단은 집권 초부터 끝없이 왕들에게 척불斥佛을 요구했다. 옛 신앙을 쉽게 버리지 못한 왕실은 계속 신하들과 충돌했다. 하지만 조선은 왕권과 신권의 연합왕국이다. 대개 역대 왕들은 사대부 의견을 따랐다. 이들이 내세운 논리는 '아비도 군주도 모르는(無父無君·무부무군) 불충불효의 교를 방치하면 천리天理가 멸망한다'였다.(1424년 3월 12일『세종실록』,「성균관 생원 101명 집단 상서」)

1516년 승려, 투명인간이 되다

개국 초기부터 승려들은 부역에 동원됐다. 한양 신 도읍 건설, 경복궁 건설에도 승려들이 동원됐다. 동원된 승려는 '마음 수양하는 자', '강론하는 자'는 제외하고 '초상집에 가서 옷과 음식을 기웃대는' 하등 승려들이었다.(1395년 2월 19일『태조실록』) 이들에게는 승려 신분증인 도첩度牒을 부여했다.

연산군을 몰아내고 중종을 앉힌 사림파는 이 '도첩' 자체를 폐지하라고 요구했다. 승려라는 존재 자체를 인정하지 못하겠다는 것이다. 재위 4년째인 1509년 9월 29일 사헌부가 도첩제 폐지를 요구했다. 왕이 거부했다. 요구는 하루도 빠짐없었다. 10월 25일 왕에게 사헌부 관리가 이렇게 물었다. "사설에 빠지셨나이까(惑於邪說乎·혹어사설호)?" 왕은 또 거부했다. 이틀 뒤 사간원 대간이 말했다. "대단히 실망입니다(尤爲缺望·우위결망)." 7년 뒤 중종은 결국 경국대전에서 도첩제 항목을 삭제하는 데 동의해버렸다.(1516년 12월 16일 『중종실록』) 그날 이후 승려는 사람도 아니고 승려도 아닌, 부역의 존재로 전락했다.

의로운 승려들, 산성을 쌓다

이괄의 난을 치른 인조 정권은 내란과 오랑캐 후금 침략에 대비해 남한산성을 쌓았다. 1624년 7월부터 1626년 11월 완료된 축성공사에는 100% 승려들이 투입됐다. '놀고먹는 인원을 투입했는데, 명승 각성覺性이 팔도에서 온 중 무리(승도僧徒)를 총섭했다.'(장유, 『남한성기』, 1643: 서치상, 「벽암각성과 남한산성의 축성조직」, 한국건축역사학회 2009년 9월 학술발표회, 재인용) 비슷한 시기에 벌어진 평양성 축성공사에는 충청, 강원, 황해 승려 600명이 징발됐다.(1624년 6월 27일 『인조실록』) 숙종 때 벌어진 북한산성 축성공사도 100% 징발된 승려들 작업이었다. 이들을 통칭 축성승군築城僧軍이라한다.

승려들을 징발한 이유는 두 가지였다. '군역의 고통이 혹심해 이를 피해 승려가 된 자가 10명 중 6~7명'(1636년 8월 20일 『인조실록』)이기 때문이었다. 가혹한 수취체제로 백성이 절로 갔으니 이들을 부려야 한다는, 이 악순환적 논리에 승려들은 부역승이 되었다. 그리고 이들은 '일반 백성이 사흘 걸릴 일을 사력事力을 다해 하루 만에 끝내는'(1669년 6월 20일 『현종실록』) 우수한 노동자였다. 게다가 자기 식량을 스스로 마련해오는 무비용 노동자였다. 이들은 단순히 승군僧軍이라 불리다가 숙종 때 '의승'으로 통칭됐다.

축성이 끝나면 승군 일부는 성에 남아 성을 방어했다. 절을 짓고, 높은 누각을 지어 무기고로 사용했다. 남한산성에는 병영 겸 절 용도로 만든 승영사찰僧營寺刹이 각각 10개, 11개가 있었다. 사찰 건축 또한 승려들이 맡았다. 이를 모승건찰募僧建刹(승려를 모아 절을 지음)이라고 불렀다. 승영사찰 근무 또한 각도에서 차출된 승려들이 맡았으니, 이 제도를 의승입번義僧立番(승군이 교대로 복무)이라고 했다.

이름이 뭐든, 승려는 노동력에 불과했다. 의승들 군량미와 각종 비용은 모조리 소속 사찰 부담이었다. 병자호란 2년 뒤인 1639년 승려들이 '의승'이라는 말에 으쓱해, 전라도 승군이 깃발을 세우고 장수라 칭했다. 그러자 인조는 "실로 큰 변고이니 의법조치하라"고 명했다.(1639년 1월 7일『인조실록』)

의로운 승려들, 왕릉을 만들다

인조 때 일부 지역을 시작으로 대동법大同法이 시행됐다. 각종 공물을 현물 대신 쌀로 받는 세제다. 그때까지 공물을 만들던 여러 부역이 쌀로 바뀌면서 조선 정부는 필요한 현물을 승려들 부역으로 충당하기 시작했다. 단, 두 가지 예외가 있었으니 왕릉을 만드는 산릉역山陵役과 중국 사신 접대를 위한 소사역詔使役은 제외됐다.

이 산릉과 소사 작업에 주로 투입된 인력이 '농사에 바쁜 백성이 아닌' 의승들이었다. 숙종 때 인경왕후 산릉역에는 의승 3,500명이 징발됐고 1718년 세자빈 심씨 산릉에는 1,000명이 징발됐다. 공사 기간 먹을 식량은 승군 각자가

1884년 종이 만드는 지역(紙役)을 혁파해준 통도사 주지 덕암당 혜경 공덕비

준비했다. 그 외에 시신 매장, 도토리 줍기, 제방 공사, 벌목, 석재, 벽돌, 군량 운송에도 모두 승군이 동원됐다.

의로운 승려들, 종이를 짓다

무엇보다 괴로운 것은 종이 만들기였다. 경전이라는 자체 수요를 위해 만들던 종이가 관에 납품하는 지역으로 승려들을 괴롭힌 것이다. 왜란과 호란 이후 종이 만들던 조지서는 파괴됐지만 종이 수요는 급증했다. 대동법 이후 농민들은 종이 재료인 닥종이 밭을 논으로 바꿔버렸다. 종이는, 절에서 만들게 됐다. 그 지역이 하도 지독해서 지치고 쇠약해진 승려들이(1786년 7월 24일 『비변사등록』) 다 도망가 폐사되는 절도 속속 생겨났다.

양산 통도사 또한 폐사될 위기에 빠졌다. 19세기 말 주지 덕암당이 6개월 동안 머리를 길러 평민으로 위장하고 서울로 가서 권력가 권돈인을 만나 담판을 지었다. 1838년 무렵 권돈인이 경상관찰사로 와서 지역을 혁파했다. 그 '어마어마한' 혜택에 통도사는 이 두 사람 각자를 위해 공덕비를 세웠다.

사대부들은 절에서 만든 종이로 책을 만들고 황제국 청나라 조공에 충당했다. 1643년 인조 때 청나라로 보내는 조공 종이(방물지)는 1만 1,000권이었고 1650년 효종 때는 11만 5,500권이었다.(오경후, 「조선 후기 승역의 유형과 폐단」, 『국사관논총』 107집, 국사편찬위원회, 2005)

관청과 왕실은 물론 지역 사대부까지 승려들을 구박했다. 1785년 7월 13일 충청도 화양동 만동묘 중수공사에 지역 유생들이 상주 승려들을 징발해 화양동서원 유생들이 떼로 체포됐다. 그러자 유생들은 "하찮은 승려를 부렸기로, 어찌 황묘皇廟 공사를 방해하는가"라고 반발했다.(1785년 7월 13일 『정조실록』) 이미 서원은 나라에 바칠 세금도 면제받고, 지역주민에게는 스스로 국가인 양 세금을 마음대로 거둬가는 권력기구가 돼 있었다. 왕도 어찌하지 못하는 사대부의 나라, 선비의 나라였다.

탄압의 극성기, 현종시대

백성이 누릴 권리는 박탈당하고 군사 의무와 토목 의무와 잡역 의무만 잔뜩 짊어진 그 승려들에게 재앙이 닥쳤다. 성리학 교조화가 한창이던 1659년 현종이 즉위했다. 이듬해 내린 조치는 이러했다. 첫째, 왕실 사찰인 원당 철폐(1660년 4월 3일) 둘째, 모든 승려들 환속 조치(1660년 12월 19일) 셋째, 왕실 여자들의 절인 자수원과 인수원 철폐, 넷째 자수원에 있는 열성신패 매립(이상 1661년 1월 5일『현종실록』). 원당 철폐는 효종 때부터 송시열이 극구 주장하던 조치였다.

탄압 정도가 아니라 말살을 기도하는 이 정책에, 남한산성 축성 감독인 각성의 제자 처능이 이렇게 상소했다. '종이도 잡물도 승려들이 만든다. 사역이 하도 많아, 관청에서 겨우 나오면 또 동원령이 떨어진다. 어기면 매질을 당한다.'(백곡 처능, 「간폐석교소諫廢釋敎疏(불교 폐지에 대한 상소)」, 1661: 오경후, 「조선 후기 불교정책과 대응론」,『역사민속학』31호, 한국역사민속학회, 2009, 재인용)

1785년 정조가 이렇게 한탄했다. '승려들이 돈을 마련하는 것이 거북이 등에서 털을 깎아 내는 것과 다름없게 되었구나.'(정조,『홍재전서』권164,「일득록」,'문학' 4) 왕이 한탄해도 세상은 변하지 않았다.

경기도 양주 회암사지. 16세기 후반 명종~선조 연간에 유생 집단에 의해 소실됐다.

***

그래서 원주에 있는 거돈사는 황량하다. 신라양식 석탑 하나와 부처상 사라진 석좌石座 하나가 축대들 틈에 서 있다. 언제 절이 사라졌는지 아무도 모른다. 조금씩 부서지지 않고 단기간에 파괴됐다고 폐사지 흔적은 말한다. 1566년 개성 사는 유생이 이성계가 살던 경기도 양주 회암사를 불태우려는 시도가 적발됐다. 불교도인 명종은 "잡된 유자"라고 비난했다. 이에 사관은 '당연히 뽑아버려야 할 해묵은 뿌리'라고 했다.(1566년 4월 20일 『명종실록』) 33년 뒤인 1599년 6월 4일 『선조실록』에는 회암사 '옛터'라고 나온다. 그 사이에 유생들이 방화를 하고 불상 목을 쳐 깨뜨려 담벼락 아래 버린 것이다. 절에 있던 무학대사 승탑은 1821년 광주 사는 유생 이응준이 아비 묘를 쓴다고 부서뜨렸다.(1821년 7월 23일 『순조실록』) 그런 절이 팔도에 숱하고, 목 달아난 불상이 도처에 흔하다.

아, 막장 이야기로 끝낸다. 1674년 8월 18일 서인에 등 떠밀려 불교를 탄압했던 현종이 죽었다. 그달 27일 전국에서 장정 2,650명이 징발됐다. 저마다 한 달 치 쌀을 짊어지고 올라온 이들은 현종이 묻힐 산릉 작업에 투입됐다. 2,650명 모두, 승려였다.(1674년 8월 27일 『숙종실록』) 땅의역사

2장

진실 - 조작된 신화

혹세무민이, 어이없지 않은가!

고하도 이충무공기념비각 모충각

01 | 베트남 영웅 호찌민이
『목민심서』를 읽었다? 거짓말입니다!

정약용을 둘러싼 조작된 신화

정약용이 살았던 경기도 남양주 마현마을 팔당호 풍경. 그 옛날 팔당호는 강이었다. 마현에 가면 베트남의 국부 호찌민이 『목민심서』를 애독했다는 가짜뉴스는 입 밖에 꺼내지 말 일이다.

1925년 을축년 대홍수 속에서 조상이 남긴 기록을 사수해낸 한 노인 이야기가 당시 신문에 소개됐다. 현대어로 해석한 내용은 이러하다. '오십이 넘은 중늙은이는 책을 건지지 못하면 책과 함께 한강의 귀신이 되겠다며 결사의 행동을 취했다. 집채 같은 물이 머리 위를 넘고 집이 무너지는 소리가 곳곳에서 들리던 지난 18일 새벽 그는 아들과 함께 물을 헤치고 (집으로 들어가) 책을 구해냈다.'(1925년 8월 8일『시대일보』,「다산유적 매몰」)

물이 넘쳐 사라져 버린 마을 이름은 '마재'다. 지금 경기도 남양주시 마현마을이다. 책을 둘러업고 살려낸 사람의 이름은 다산 정약용의 현손 정규영이

『목민심서』

다. 그가 구해낸 책은 '정약용의 평생 포부를 적어놓은' 『여유당집』이다. 집 뒤
다산 무덤까지 차오른 물에 자그마치 '오천삼백이십 권'은 떠내려가고 정규영
은 여유당집 일백팔십삼 책만 건졌다. 이게 정약용의 사상체계가 21세기까지
계승될 수 있었던 이유다. 대한민국 사상계에 아찔했던 1925년 여름이었다.

대통령의 『목민심서』이야기

2017년 11월 11일 대한민국 대통령 문재인은 베트남 호찌민시에서 열린
'경주세계문화엑스포' 개막 축하 영상메시지에서 이렇게 말했다. "베트남 국
민이 가장 존경하는 호찌민 주석의 애독서가 조선시대 유학자 정약용 선생이
쓴 목민심서라는 것은 널리 알려진 사실입니다." 한 나라 대통령이 양국 교류
의 상징으로 공식적으로 정약용과 호찌민胡志明을 언급했으니, 대한민국 사람
으로서 이보다 더 뿌듯한 경사가 어디 있겠는가.

호찌민의 『목민심서』 애독설은 20세기 후반 어느 때부터 세상에 알려졌다.
베트남의 민족영웅이자 국부인 호찌민이 다산을 흠모해 『목민심서』를 애독했

고 그가 죽은 기일에는 제사를 지냈다는 것이다. 머리맡에는 항상『목민심서』
가 놓여 있었고 부정과 비리를 척결하기 위해서는『목민심서』가 필독의 서라
고 했다는 이야기가 전해졌다.

충을 겨누며 싸운 악연까지 있는 나라였으니, 민족 자긍심 고취에 한량없
는 소식이었다. 지금도 인터넷 포털에서『목민심서』를 검색하면 십중팔구는
호찌민 애독서라고 나온다.

이제 베트남 국부 호찌민의 정약용 숭배설을 파헤쳐본다.

호찌민은『목민심서』를 읽은 적이 없다.

호찌민 애독설의 시작과 유포

1993년에 대한민국 방방곡곡을 살아 있는 박물관으로 만든 책『나의 문화
유산답사기』1권이 나왔다. 전남 강진, 해남의 역사문화 유적을 소개한 이 책
에서 저자 유홍준은 이렇게 기록했다. '베트민越盟의 호찌민이 부정과 비리의
척결을 위해서는 조선 정약용의『목민심서』가 필독의 서라고 했다는 이야기
가 전하고 있으니, 이런 것을 그분 위대함의 보론으로 삼고 싶다.'(유홍준,『나
의 문화유산답사기』1권, p70) 그 앞에 유홍준은 위당 정인보의 말을 인용해
정약용 연구는 '조선혼의 밝음과 가리움 내지 조선 성쇠존망에 대한 연구'라
고 했다.

전 고려대 아세아문제연구소 연구교수 최근식에 따르면 이보다 1년 전인
1992년『소설 목민심서』머리말에서 작가 황인경이 '호찌민은 일생 동안 머리
맡에『목민심서』를 두고 교훈으로 삼았다'고 했다.(최근식,「호찌민의『목민심
서』애독 여부와 인정설의 한계」,『평화학연구』3, 2010) 역시 비슷한 시기에

시인 고은이 『경향신문』에 이런 글을 기고했다. 제목은 '나의 산하 나의 삶-혁명가의 죽음과 시인의 죽음'이다. '소년시대 극동의 조선 후기 실학자 정약용의 목민심서를 구해 읽고 한동안 기일을 알아 추모하기를 잊지 않기도 했다.' (1994년 7월 17일 『경향신문』 9면)

'다산연구소'는 다산 정약용 연구에 지대한 공헌을 한 단체다. 다산연구소의 홈페이지(www.edasan.org), '풀어쓰는 다산이야기'에는 이런 글이 게재돼 있다. '호찌민의 머리맡에는 바로 목민심서가 항상 놓여 있었다는 것이다. 다산의 제삿날까지 알아내서 해마다 제사를 극진하게 모시기도 했다는 것이다.(하략)' 글을 쓴 사람은 다산연구소 이사장 박석무이고 게재일은 2004년 7월 9일이다. 글 번호는 29번이고 제목은 '희희호호-4'다. 앞에 나온 『소설 목민심서』의 저자 황인경은 머리말에 '늘 곁에서 조언을 해준 박석무 다산연구소 이사장께 깊은 감사의 마음을 드린다'고 기록했다.

문제는 이들 지식인들이 주장한 호찌민의 정약용 존경설이 말 그대로 주장에 불과할 뿐, 전혀 근거가 없다는 사실이다. 언제 어떤 경로를 통해 호찌민이 『목민심서』를 입수했는지에 대해서는 그 누구도 명확한 근거를 대지 않았다.

박헌영이 『목민심서』를 줬다고?

2009년 나온 『박헌영 평전』은 그 근거를 이렇게 대고 있다. '1929년 박헌영이 입학한 모스크바 국제레닌학교에는 호찌민도 있었다. 그는 박헌영과 각별히 친했다. 박헌영은 그에게 『목민심서』를 선물했다. 나라의 관리가 어떤 마음으로 어떤 인민을 대해야 하는가를 기록한 이 책은 장차 베트남의 지도자가 되는 호찌민에게 평생의 지침이 되었다.'(안재성, 『박헌영 평전』, 실천문화

등록일 2004-07-09 09:35:46

그 호치민의 머리맡에는 바로 <목민심서>가 항상 놓여 있었다는 것입니다. 목민심서를 읽는데 그치지 않고 그 책을 지은 다산선생을 너무도 존경하여서, 다산의 제삿날까지 알아내서 해마다 제사를 극진하게 모시기도 했다는 것'

위당(爲堂) 정인보(鄭寅普) 선생이 "다산 선생 한 사람에 대한 연구는 곧 조선사의 연구요, 조선 근세사상의 연구요, 조선혼의 밝음과 가리움 내지 조선 성쇠존망에 대한 연구이다"라고 설파한 것, 갑오농민전쟁 때 동학군이 선운사 마애불 배꼽에서 꺼냈던 비기(秘機)는 곧 『목민심서』였다는 전설, 심지어는 베트민의 호찌민(胡志明)이 부정과 비리의 척결을 위해서는 조선 정약용의 『목민심서』가 필독의 서라고 했다는 이야기가 전하고 있으니, 이런 것을 그분 위대함의 보론으로 삼고 싶다.

다산이 후대에 끼친 영향은 학술적인 면뿐만 아니라 실천적·경세적 측면에서도 두드러진다.

第15144號

高銀의 自傳小說

革命家의 족

목민심서를 둘러싼 각종 가짜뉴스들

을축년 홍수 때 유실됐다가 1986년 복원된 정약용 생가 안채(왼쪽)와 베트남의 국부 호찌민
(胡志明)(오른쪽). 이 독립투사가 정약용을 존경했다는 주장은 가짜뉴스다.

사, 2009, p106) 박헌영을 통해 조선 실학자의 사상이 베트남에 전파됐다는
것이다.

저자인 안재성은 더 구체적으로, '박헌영이 준 목민심서는 하노이에 있는
호찌민박물관에 보관돼 있으며, 박헌영은 '친한 벗'이라는 뜻의 '붕우朋友'라는
서명을 해 선물했다'고 덧붙였다. 정말인가?

박헌영이 국제레닌학교에 입학한 1929년 호찌민은 정글 속에 있었다.
1919년 프랑스 파리에서 활동했던 호찌민은 1923년 모스크바로 가서 동방
피압박공산대학에 다니며 활동한 뒤 중국을 거쳐 1928년 태국 방콕에서 본격
적인 반제국주의 투쟁을 하고 있었다.(정병준,『현앨리스와 그의 시대』, 2015,
p18) 두 사람이 모스크바에 체류한 기간이 겹치지 않는다. 만남 자체가 불가
능했으니, 앞의『박헌영 평전』주장은 참고할 가치가 없다.

사후 100년 만에 나온 『목민심서』

1902년 장지연(「시일야방성대곡」의 저자)이 처음으로 『목민심서』를 출간했다. 그전에는 지방 관청에서 저마다 만든 필사본밖에 없었다. 1936년 정약용 서거 100주년에 즈음해 조선 지식인들이 『여유당전서』 출간을 결정했다. 주도자는 정인보와 안세홍이다. 이들은 당시 조선일보 출신 지식인들과 함께 출판사 '신조선사'를 만들고 1934~1938년 정약용 후손이 살려낸 문서들을 토대로 『여유당전서』를 발행했다. '정신, 사상, 학술에 독립을 하는 조선학을 위해' 이뤄진 일이었다.(최남선, 「조선역사통속강화」; 최재목, 「1930년대 조선학 운동과 실학자 정다산의 재발견」, 『다산과 현대』 5권, 강진다산실학연구원, 2010, 재인용)

1818년 유배에서 풀려난 정약용은 시중에 필사본이 돌아다니는 사실을 알고 "한 글자 반 구절도 다시는 다른 사람에게 보여선 안 된다"고 두려워했다.(정약용, '약암 이재의에게 보낸 편지') 그런저런 연유로 생전에는 단 한 권도 출간된 적 없던 그의 저서가 죽고 100년 만에 세상에 나온 것이다.

둘 모두 정약용이 흘려 쓴 글을 활자로 옮긴 한문본에 분량 또한 48권 16책으로 방대하다. 아무리 한자권 지식인이라도 호찌민이 정글에서 들고 다니며 애독하는 것은 상식적으로 사리에 맞지 않는다. 게다가 박헌영은 『여유당전서』 출간 전인 1929년 국제레닌학교를 졸업했다. 호찌민은 박헌영을 만날 방법이 없었고, 정약용의 존재 자체를 알 방법이 없었다.

베트남에 없는 『목민심서』

1990년대 초 지식인 사회 어딘가에서 호찌민과 정약용을 연결하는 이야기가 동시다발적으로 시작됐다. 이 위대한 이야기는 급속도로 유포되며 사실로 확정됐다.

그러다 2006년 1월 9일 〈연합뉴스〉는 '호찌민박물관과 집무실에는 목민심서가 없다'고 보도했다. 이 기사는 "목민심서와 관련된 주장은 와전된 것이 분명하다"는 응원 티 띵 관장 말도 함께 전했다. 베트남 현지에서 허위라고 증명이 된 것이다. 그럼에도 불구하고 잘못된 사실은 취소되지 않았다.

현재 판매 중인『소설 목민심서』머리말에는 이 같은 내용은 빠졌다. 그러나 고은이 출간한 시집『만인보』에는 똑같은 내용이 들어 있다. 유홍준의『나의 문화유산답사기』1권도 여전히 동일한 내용을 담고 있다.『소설 목민심서』는 2021년 현재 600만 권,『나의 문화유산답사기』1권은 '230만 독자를 감동

정약용 묘소

시킨 답사기'로 홍보 중이다.

다산연구소 게시판에는 2019년 4월 24일 박헌영과 호찌민에 관한 베트남 한인매체 질문이 올라왔다. 사실 여부를 묻는 질문이었다. 이에 대해 연구소 측은 '근거가 전무하며 확인된 바가 없다'고 답을 올려놓았다.

2019년 11월 다산연구소 이사장 박석무는 이런 글을 홈페이지에 올렸다.

"신문의 칼럼을 믿고 그대로 옮겨 썼던 저의 불찰이 매우 큽니다. 어떻게 알아보거나 확인해보아도, 호치민과 목민심서의 관계는 지금도 확인할 길이 없습니다. 박헌영과 호치민 관계로도 이야기되고 있는데, 현재 저의 능력으로는 사실 여부를 확인하여 설명할 길이 없다는 것만 밝혀드립니다. 앞으로 더 확인해서 확답을 드릴 기회를 갖겠습니다."(박석무, 「풀어쓰는 다산이야기-목민심서와 호치민 1」, 다산학연구소 홈페이지 『다산글방』 2019년 11월 25일, 글번호 1089)

이 글에는 목민심서와 호치민 '1'이라는 제목이 붙어 있고, '애독했고, 제사도 지냈다'는 글은 현재까지 그대로 올라와 있다. 비겁하다. 이렇게 이름만으로도 알 수 있는 전문가들이 호찌민과 정약용의 인연을 거듭 언급하니, 대중은 그 주장을 사실로 믿고 지금까지도 자랑스러워한다.

정약용이 태어난 남양주시는 2005년 11월 15일 베트남 빈시市와 자매결연을 맺었다. 빈시는 호찌민의 고향이다. 2017년 3월 남양주시는 빈시에 10억원을 들여 도로를 개통했다. 도로 이름은 '남양주다산로'다. 그리고 8개월 뒤 대통령이 "당신네 국부가 우리 학자의 책을 애독했다"고 교류를 역설했다. 이 헛된 국민 자긍심과 지자체의 헛된 교류욕과 대통령의 헛된 외교 언사는 누가 책임질 것인가. 역사는 누가 책임질 것인가. 딸의역사

02 | 도고 헤이하치로는 이순신을 존경한 적이 없다

이순신, 도고 헤이하치로 그리고 세계 4대 해전

1971년까지 거제시 장목면 장목지서 앞에는 작은 돌다리가 놓여 있었다. 당시 유적 답사 중이던 동아대학교 교수 김동호와 군청 공무원 이승철이 돌다리 아래를 거울로 비춰보니 글씨가 새겨진 비석이었다. 새겨진 글은 이러했다.

'적 함대를 맞아 모든 함대에 알린다. 즉시 출동해 적을 격멸코자 한다. 오늘 날씨는 맑으나 파도는 높다. 헤이하치로(接敵艦見之警報聯合 艦隊欲直出動擊滅之 本日天氣晴朗波高 平八郎).'

1905년 5월 27일 거제도 송진포에 있던 일본 해군기지에서 러시아 함대를 발견했다고 본국으로 보낸 전보 내용이었고, 비석은 1931년 거제도 송진포에 세웠던 러일전쟁 승전기념비였다. 러일전쟁 승전을 기념하고 도고를 기념하는 비석이 해방되고 26년 만에 발견된 것이다.

대한해협에서 울릉도 근해까지 이틀 동안 펼쳐진 해전에서 일본연합 함대

전남 목포 고하도에 있는 이충무공기념비각 모충각. 메이지시대 일본 해군은 해군 위상을 높이려는 의도로 이순신을 군신(軍神)으로 추앙했다.

는 러시아의 발틱함대를 궤멸시켰다. 아무도 상상하지 못했던 러시아의 참패요, 일본의 승리였다. 러시아는 대한제국에서 완전히 손을 뗐다. 5년 뒤 일본은 세계열강 묵인 속에 조선을 병탄했다. 조선 식민화에 결정타를 날린 사건이 이 해전이었고, 그 전투를 지휘한 일본 사령관이 비석 끝에 나오는 도고 헤이하치로東鄉平八郎였다.

훗날 사람들은 이야기한다. 도고 헤이하치로가 러시아 함대에게 사용했던 전법戰法은 임진왜란 한산대첩 때 이순신이 구사했던 학익진鶴翼陣(학 날개처럼 함대를 횡으로 펼치는 전술)이었고, 도고는 이순신을 누구보다 존경했다고. 그리고 이순신이 일본 해군을 궤멸시켰던 한산도 해전은 각국 해군사관학교에서 세계 4대 해전 가운데 하나로 가르치고 있다고. 절반은 사실事實이고 절반은 근거 없는 전설傳說이다. 이제, 사실과 전설을 가려본다.

이순신을 극찬한 일본 해군

1853년 미국 페리함대의 함포 외교로 개항을 한 이래 일본 지도부에게 절실했던 것은 군사력이었다. 1868년 메이지유신으로 근대화에 착수한 일본은 그래서 강병強兵을 첩경으로 삼았다. 적이었던 미국과 영국으로 군인들을 유학 보내고 군함을 제작하고 근대 포격술을 도입했다. 그 와중에 조선의 명장 이순신이 등장한다.

사토 데쓰타로는 일본 군사 교육가 겸 사상가였다. 해군대학교 교관으로 일하면서 사토는 자기가 쓴『제국국방사론』을 교재로 사용했다. 이순신 관련 부분은 이러했다. '동양에서는 한국 장수 이순신을, 서양에서는 영국 장수 넬슨을 들 수밖에 없다. 불행하게도 조선에서 태어나 용명과 지명이 서양에 전해지지 않았지만 실로 훌륭한 해군장수였다.'(사토 데쓰타로,『제국국방사론』, 1908: 김주식,「이순신에 대한 일본인의 연구와 평가」(이하「이순신」),『해양문화재』4, 국립해양문화재연구소, 2011, 재인용)

이에 앞서 역시 해군 출신인 오가사와라 나가나리는『제국해군사론』(1898)이라는 대중 서적과『일본제국해상권력사강의』(1902)라는 교재를 통해 이순신을 장교들에게 소개했다. 오가사와라에 따르면 이순신은 '일본군이 반걸음도 서진하지 못 하게 한 장수'이고 '잘 싸울 뿐 아니라 만사에 장군다운 기량을 갖춘 사람'이었다.(김준배,「메이지시기 해군장교의 저술 속 이순신」,

『군사』107호, 국방부군사편찬연구소, 2018) 특히 사토는 '넬슨은 이순신과 도저히 건줄 수 없을 정도로 낮은 장수며 인격과 천재적 창의성 면에서 이순신의 적수가 되지 못 한다'고 극찬했다.

약간의 조선 비하적인 내용을 제외한다면, 이들 일본 장교들이 이순신에게 보낸 찬사와 존경은 대한민국 사람을 우쭐하게 만든다. 그런데 이들이 군이 당시 300년 전 조선 장수를 끄집어낸 의도는 따로 있었다.

해군 확장을 위한 이순신 찬양

400년 전 적국 장수를 찬양한 이유는 이러했다. '이순신을 높이고 일본을 꾸짖고 욕하는 것은 분개심을 느끼게 하려는 게 아니다. 무엇이 괴로워 자기 얼굴을 향해 침을 뱉겠는가. 조선을 지켜 국운 쇠락을 면하게 한 사람은 조선의 넬슨이라 할 수 있는 이순신의 위대한 전략이었다. 올해 안에 우리 제국이 세계 경쟁의 장에 발을 들여놓는 이상 입국의 방침을 정하지 않으면 안 된다.' (세키 코세이,『조선 이순신전』, 1892: 김준배,「근대 일본 이순신·넬슨 비교 담론의 등장과 변화」(이하「근대 일본」),『일본언어문화』제38호, 한국일본언어문화학회, 2017, 재인용)

19세기 말에서 20세기 초, 철저한 서구화를 통해 근대화를 시도하던 일본이었다. 그런데 그 근대화 주도 세력은 육군이었다. 1893년 상대적으로 소외돼 있던 일본 해군은 해군참모본부 창설을 시도했지만 육군의 반대로 무산됐다. 이에 오가사와라는 해군 수뇌부의 명으로『제국해군사론』을 저술했다. 집필 목적은 '진실로 해군 확장을 도모하려면 먼저 해상 권력의 필요성을 알려야 한다'는 것이다. (김준배,「근대 일본」) 오가사와라는 저서 곳곳에서 '해상

권력이 쇠하면 침략을 받았다', '해상권을 장악당하면 항해 통로는 완전히 단절된다'고 주장했다.

섬나라 특성상 해군을 육성해야 한다는 주장이었고, 이 주장을 뒷받침하는 근거가 임진왜란과 이순신, 그리고 나폴레옹과 넬슨이었다. 1805년 나폴레옹 군단을 트라팔가르에서 저지한 영국 제독 넬슨은 일본 해군의 롤모델이었다.

1880년대 나온 책들에는 넬슨에 대한 영웅담이 이렇게 묘사돼 있다. '불세출의 영웅 나폴레옹을 모든 국가가 당해내지 못했지만 하늘이 영국에 넬슨을 내려 그를 저항하게 했다.' '나폴레옹과 도요토미 히데요시 두 영웅의 실력은 백중지세여서 겨룰 수 없다.' 그런데 나폴레옹에 비유되는 영웅 히데요시도 결국 이순신에 패했다. '이순신이 수군을 지휘해 일본군을 한산도에서 대패시켰다. 나폴레옹은 넬슨의 해군에 제압당했다. 동서의 영웅(나폴레옹과 히데요시)이 그 뜻을 이루지 못한 결과는 동일하다.'(김준배, 「근대 일본」)

결국 도요토미 히데요시를 나폴레옹에, 그 히데요시를 막아낸 이순신을 넬슨에 비유해 일본 해군의 위상을 높이려는 의도였다. 해군력 확대라는 목적 관철을 위해 '참 군인 이순신'이라는 이미지가 만들어졌다. 러일전쟁 때는 출전을 앞두고 이순신 사당에 참배하는 병사들도 나타났다.

도고 헤이하치로의 등장과 이순신

그러다 1904년 러일전쟁이 터졌다. 이듬해 5월 27일 대한해협에서 벌어진 해전은 러일전쟁의 결정적인 장면이었다. 아무도 예상하지 못했던 일본이 승리했고 러시아 발틱함대는 울릉도 앞바다까지 쫓긴 끝에 항복했다. 그 기적

'적을 발견했으니 격멸하겠다'고 적혀 있는 러일전쟁 승전기념비 부분(오른쪽). 아래는 경남 거제시청에 보관 중인 러일전쟁 승전기념비. 1905년 5월 27일 도고 헤이하치로가 보낸 전문을 헤이하치로 자필로 적어 1931년 새겼다.

적인 승리를 이끈 사람이 도고 헤이하치로였다. 더 이상 이순신을 끌어내 '일본 제국 해군'을 확장할 이유가 사라졌다.

책과 강의실에서 이순신을 극찬했던 중장 출신 해군 사토 데쓰타로는 1926년 이렇게 기록했다. '나는 조선에 이순신이 있음을 자랑스럽게 생각하며, 일본 본토에 이 사람에 비견할 수 있는 장군이 하나도 없다는 것은 원통할 일이 전혀 아니라고 생각한다.' 여전히 이순신에 대한 존경심을 표시하고 있지만, 다음 문장이 매우 의미심장하다.

'그러나 다행히 세계 제일의 명장 도고 원수가 역사를 새로 장식할 수 있음을 생각하면, 다시 한 번 유쾌해진다.'(해군중장 사토 데쓰타로, 『절세의 명해장 이순신』, 1926: 김주식, 「이순신」, 재인용) 마침내 '이순신을 대체할 일본 군신軍神'이 나온 것이다. 러일전쟁 이후 이순신을 넬슨에 비교하던 풍조는 급격히 사라졌다. 대신 '동양의 넬슨 장군으로 칭송받는 우리 도고 헤이하치로 장군', '일본의 넬슨이시어 축복을' 같은 '도고 헤이하치로=넬슨'이라는 등식이 일본 대중사회에 자리 잡았다. 서양의 근대 군사력에 압도돼 있던 일본이 마침내 자기 나라 영웅에 의해 그 열등감을 극복하게 된 것이다.(김준배, 「근대 일본」)

인터넷에 떠도는 우쭐한 이야기

첫째, 그 군신 도고 헤이하치로가 이순신을 찬양했다는 이야기가 떠돈다. 러일전쟁 승리 축하연에서 '나를 바다의 신인 이순신 제독에 비유하는 것은 신에 대한 모독'이라고 했다는 것이다. 하지만 이는 헤이하치로 어록과 축하연 공식 기록, 언론매체에는 전혀 언급이 없는 에피소드다.(김주식, 「이순신」)

1964년 일본에서 나온 '일한중 삼국연대의 역사와 이론'이라는 책에 처음 언급된 이 에피소드는 이후 '1906년 미 해군사관학교 학생에게 한 말'(이순신 역사연구회, 『이순신과 임진왜란』, 비봉출판사, 2005), '친일파 기업인 이영개가 헤이하치로를 개인적으로 만났을 때 한 말'(후지이 노부오, 『이순신각서』, 1982) 등으로 내용과 정황이 뒤죽박죽되며 재생산됐다. 그 어디에도 출처가 없다.

둘째, 이순신과 넬슨에 대한 비교도 마찬가지다. '이순신=넬슨', '히데요시=나폴레옹' 공식은 19세기 말 도쿄제국대에서 영문학을 가르치던 영국인 제임스 머독이 그대로 인용해 '동양의 나폴레옹과 넬슨'으로 유럽으로 전파됐다. 1921년 영국 해군 중장 조지 밸러드 또한 머독의 책을 인용해 '제독 이순(Yi-Sun)'을 넬슨에 비교했다.(석영달, 「이순신 해외 전파의 연결고리: 제임스 머독의 일본의 역사」, 『군사』110호, 국방부군사편찬연구소, 2019) 현재 인터넷상에 '서구 학자들이 찬양한 이순신'으로 검색되는 내용은 이순신의 이름도 제대로 인용하지 못한 이 밸러드의 책이다.

셋째, 도고 헤이하치로가 이순신의 학익진을 원용했다는 말. 도고함대가 사용한 전법은 '정자丁字 전법'이다. 종대로 항해하는 적 앞에서 횡으로 늘어선 뒤 맨 앞의 배를 집중 포격해 격침시키는 전술이다. 대한해협 해전에서 도고함대는 개전 30분 만에 러시아 함대 선두 스와로프호를 격침시켰다. 일본 함대 참모 아키야마 사네유키는 "옛 병서 『노지마류 해적 고법』이 큰 힘이 됐다"고 했다. 이 책에는 '초전 적 선두 제압', '학익진', '호랑이진', '표범진' 같은 표현이 들어 있었다.(이종각, 『일본인과 이순신』, 이상미디어, 2018) 그 옛날 왜구들 전법을 응용했다는 말이니, 이 또한 근거가 부족하다.

충남 아산 현충사 옆에 있는 충무공 이순신 묘소

마지막으로 '한산대첩이 세계 4대 해전'이라는 이야기. 해군사관학교 교수 석영달은 「세계 4대 해전의 근거에 대한 고찰」(2016)이라는 논문에서 '미국, 프랑스, 독일 해군사관학교와 일본 방위대 파견 졸업생 그 누구도 '4대 해전'을 배우지 않았고, 임진왜란 해전은 언급도 없었다'고 했다. 특히 '영국 왕립해군대학은 4대 해전이라는 용어조차 들어보지 못했다'라는 것이다. 석영달의 결론은 '영웅의 위상을 드높이려는 노력과 부주의가 만든 우물 안의 담론'이었다.

이상으로 이순신을 둘러싼 그릇된 신화에 대하여 알아보았다. 신화가 그릇되다고 해서 영웅이 추락하는 것은 아니다. 신화가 없어도 이순신은 영웅이다. 땅의 역사

3장

진실 - 호란과 사대

그대는 어느 나라 대신인가

척화파 김상헌 묘

01 | 나에게 팥죽을 쒀준 저 유생을
금부도사로 임명하라

1624년 이괄의 난과 인조의 황당한 도주 행각

참으로 정신없는 정권 초기였다. 벼르고 벼른 끝에 현직 왕을 폭군으로 몰아 쿠데타에 성공했으나 이어 터진 것은 쿠데타 동지의 반란이었다. 어제까지 동지였던 반정 공신은 스스로 왕이 되고자 칼을 들었고 왕은 도주했다. 도주하며 듣도 보도 못한 지역 유생을 금부도사로 임명했다. 굶주린 자기에게 죽을 쒀 배를 불려줬다고. 엉망진창 논공행상, 엉망진창 국정. 조선 16대 국왕 인조와 이괄의 난 이야기다.

반란, 그릇된 논공행상, 또 반란

1624년 1월 24일 평안병사 겸 조선군 부원수 이괄이 반란을 일으켰다. 능양군 이종이 무리를 이끌고 광해군을 끄집어 내린 지 열한 달 만이었다. 반정 당일 대장으로 임명된 김류는 '모의가 누설됐다'는 소문에 집을 나서지 못하고 뭉그적댔다.

이괄의 난 때 인조와 조정 대신은 충남 공주 공산성에 5박 6일 동안 피난했다. 인조가 큰 나무 두 그루 사이에서 숨을 돌렸다고 해서 훗날 그곳에 쌍수정(雙樹亭)이라는 정자를 지었다.

군사들이 웅성대며 불안해하자 또 다른 지휘관 이귀와 이괄이 "누구든지 규율을 어기면 나부터 목을 베라"며 반군을 이끌었다.(『연려실기술』권23, 「인조조고사본말」, '계해정사-연평일기') 반정 다음 날 이괄은 "김류를 베려 했지만 그러지 못했다"고 말했다. 김류는 반정 이전부터 능양군 최측근이었다.

공신 명단 작성을 맡은 김류는 이괄을 2등 공신에 책봉했다. 명분은 '부대를 나누어 군용을 갖추는 공이 컸으나 반정 계획에 늦게 참여했으므로'였다.(1623년 윤10월 19일 『인조실록』) 이괄은 매우 억울해했고, 공론 또한 그러했다.

1624년 1월 이괄 군사가 서울로 진입한 창의문. 1년 전 인조반정 군사가 서울 진격 때 지나간 문이다.

이괄은 한성부 판윤을 거쳐 평안병사로 임명됐다. 평안도로 떠나던 날 인조가 칼을 채워주고 수레바퀴를 밀어주었다. 위로하는 1등 공신 신경진에게 이괄이 말했다. "나를 내쫓아 보내는 것이오. 영감은 속이지 마시오."(『연려실기술』 권24, 「인조조고사본말」, '이괄의 변-일월록')

1624년 1월 21일 이괄의 아들 이전이 반역을 꾀했다는 첩보가 올라왔다. 이귀가 이괄 또한 조사해야 한다고 주장했다. 인조는 "(누가 나에게) 그대가 반역자라고 말한다면 내가 믿겠는가"라 반문했다. 다음 날 또 같은 보고가 올라왔다. 인조는 "다시는 나를 번거롭게 하지 말라"고 또 무시했다. 다만 그 아들 이전은 조사하라고 명했다. 이틀 뒤 이괄이 아들을 붙잡으러 온 금부도사 고덕상을 죽이고 반란을 일으켰다.(1624년 1월 21~24일 『인조실록』) 없던 명분도 칼을 잡으면 생겨나는, 진흙탕이었다.

정적 대학살과 헛된 호언장담

1월 25일 병조판서 겸 판의금부사 김류가 인조에게 말했다. "역모 동조자들을 서둘러 처형해야 후환을 없앨 수 있다." 좌찬성 이귀가 재판 없이는 불가하다고 반대했다. 인조는 김류의 청에 동의했다. 반정에 참가하지 않았던 기자헌은 사약을 받고, 다른 37명은 참수됐다.(1624년 1월 25일 『인조실록』) 나머지 공신들도 체포된 자를 모두 죽이기를 청했다. 재신 권첩은 "김류는 자손이 끊어지고 이귀는 번창할 것"이라고 말했다.(『연려실기술』, '이괄의 변-일월록')

그리고 인조가 도원수 장만에게 말했다. "내 친히 삼군을 거느리고 기일을 정하여 섬멸하리라."(같은 날 『인조실록』) 2월 2일 인조는 명나라 사신을 맞는 모화관慕華館에서 군사훈련을 예고했다. 하지만 말만 했을 뿐 실제 훈련은 없었다.

2월 8일 반군이 파주 벽제까지 진군했다. 사헌부와 사간원 관리들이 인조에게 서둘러 세자를 책봉하자고 건의했다. 허둥대는 왕을 지켜보던 예리한 눈들이었다. 인조는 거부했다. 대신 그날 인조는 신주를 앞세우고 공주를 향해 도망갔다. 닫혀 있는 남대문은 승지 홍서봉의 하인이 돌로 부쉈다. 한강 나루에서는 무사 우상중이 강 건너 숨어 있는 사공을 베고 배를 끌고 왔다. 달도 지고 없는 깊은 밤, 강 한가운데 떠서 북쪽을 보니 궁궐에 불길이 치솟았다.(1624년 2월 8일『인조실록』)

팥죽도사 김이(金怡)와 일본 청병(請兵)

간신히 강을 건넌 인조가 양재역에 도착했다. 아무것도 먹지 못한 그에게 유생 김이金怡가 팥죽을 올렸다. 인조가 말 위에 타서 죽을 마셨다.(1624년 2월 9일『인조실록』) 이는 21세기 서울 강남 '말죽거리' 지명 유래 가운데 가장 유력한 주장이다. 이틀 뒤 수원에 도착한 인조에게 몇 신하가 동래 왜관에 있는 왜인 1,000명을 원병으로 부르자고 제안했다. 임진왜란이 끝나고 26년 뒤 그 적군에게 내란 진압을 맡기자는 것이다. 인조는 "관백關白(도쿠가와 이에야스) 허가를 받으려면 시간이 걸리고, 무슨 일이 터질지 모른다"며 거부했다. 12일 천안에서 인조가 한숨 돌리고선 양재역에서 팥죽을 진상한 김이를 죽은 고덕상 후임 금부도사에 임명했다.(1624년 2월 12일『인조실록』) 팥죽 한 사발에 벼슬 없는 유생이 종5품 벼슬아치가 되었다. 본인은 꿈에도 몰랐을 것이다.

오만했던 이괄

2월 11일 파죽지세로 남하한 이괄 군사가 무악재에서 관군과 맞닥뜨렸다. 그런데 선발대 병력이 생각보다 적었다. 이괄이 부하들에게 말했다. "저것들을 다 깨뜨리고 밥을 먹자. 백성은 성 위에 올라가 구경하게 하고 저 오합지졸을 무너뜨린다. 인심은 우리 것이다." 풍향이 바뀌고 관군이 급증하며 반란군

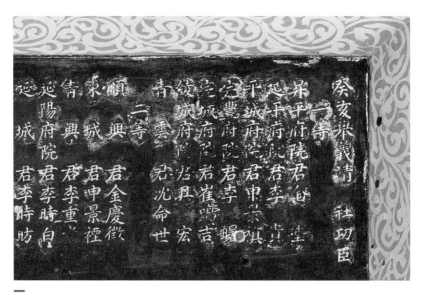
창의문 문루에 걸린 인조반정 공신 명단. 이괄은 빠져 있다.

은 대패했다. 관군이 베어온 반군 머리가 산더미처럼 쌓여갔다. 이괄은 권력을 포기하고 도주했다.

12일 밤 시구문(광희문·훗날 인조가 병자호란 때 도망갔던 문이다)을 빠져나간 이괄은 삼전도를 거쳐 광주와 경안을 지나 이천으로 도주했다. 이괄의 졸개들이 이괄 무리 9명의 목을 잘라 관군에게 바쳤다. 반란은 진압됐다.(『연려실기술』, '이괄의 변-일월록')

비겁하고 무능했던 인조

13일 인조가 공주에 도착했다. 인조 무리는 공포 속에서 산성 수비책을 논했다. 그때 군관 한 명이 와서 이괄 참살 사실을 보고했다. 인조는 이 군관에게 술을 먹이고 6품 벼슬을 내렸다. 반란이 끝났지만 수비책 논의는 이어졌다. '왕이 산성에 올라 형세를 살피니 총독군문 김류는 앞 봉우리에 복병을 설치하자고 했다. 왕은 남쪽은 공격받기 쉽다고 했고 이에 김류는 성 밖이 거리가 있어 화살이 닿지 못한다고 보고했다. 인조가 성곽을 오르려고 말에 올랐다. 주위에서 말렸다. 그러자 인조는 북루에 올라 살피며 취약 지대라고 설파했다.'(1624년 2월 14일 『인조실록』) 없는 적을 향해 쇼를 한 것이다.

15일 투항한 이괄의 부하 이수백이 이괄의 목을 가져왔다. 10년 뒤에는 이수백에 의해 죽은 이중로, 박영신의 아들들이 이수백을 때려죽이고 그 목을 인조에게 바쳤다.(1634년 3월 13일 『인조실록』) 다음 날 공주 선비들을 위무하기 위해 특별 과거 시험이 벌어졌다. 충청, 전라 선비를 응시자로 시험을 치러 합격자 5명을 선정했다. 그런데 공주 사람만 없었다. 인조는 서둘러 공주 사람 강윤형을 추가로 뽑았다. 18일 인조가 서울로 환궁했다.

쌍수정과 또다시 송시열

1708년 숙종 때 공주 공산성에 '쌍수정사적비'가 세워졌다. 인조가 산성에서 쉬었다는 큰 나무 두 그루 사이에 정자를 세우고, 그 이력을 쓴 비석이다. '공주산성쌍수정기적비'(신흠), '쌍수정비 음기'(송시열), '쌍수산성기사비 추기'(남구만) 세 글이 적혀 있다. 1668년 송시열이 쓴 '음기'에는 이렇게 적혀 있다. '쌍수(이괄의 난)를 잊었기에 정묘호란이 터졌고 병자호란이 터졌도다.'

요컨대, 이괄을 잘못 대우한 인조가 죄인이라는 비난이었다. 남에게 한없이 냉혹하고 스스로에게 한없이 관대한 정치가다웠다. 1708년 추기를 쓴 소론 영수 남구만은 "인조 생전에 비판 상소를 올리지 왜 비겁하게!"라고 비난했다.(남구만,『약천집』34,「아들에게 보내는 편지」)

여기까지 이괄에서 능양군, 능양군에서 송시열로 이어지는 이전투구 이야기였다. 스스로에게 관대하고 남에게 잔혹한, 권력이 권력을 잡아먹는 아마추어 권력자들의 이야기였다. 땅의역사

―
공산성 쌍수정 아래 있는 쌍수정기적비. 비석 뒤편 음기(陰記)는 1668년 송시열이 썼다.

02 | 또 가짜 왕제를 보냈으니, 아랫것 박난영 목을 벤다!

병자호란과 외교관 박난영의 어이없는 죽음

휴전 협상에 가짜 대신으로 나섰던 형조참판 심집은 "충과 신을 신조로 삼는 사대부라 거짓말할 수 없다"며 본인이 가짜라고 자백했다. 분노한 후금 부대는 외교관 박난영의 목을 벴다. 남한산성으로 도피했던 인조 정권은 사진 속 우익문으로 출성해 삼전도 들판에서 항복 의식을 치렀다.

'적당히 싸우라'는 국왕의 편지

1619년 1월 조선은 만주에서 발흥한 후금을 응징하기 위해 정예군 2만 명을 파병했다. 명나라 황제 요청이었다. '도료군渡遼軍(요동 파견부대)'이 압록강을 건너기 직전 조선 국왕 광해군은 사령관 강홍립에게 전문을 보냈다. "당신의 병사들은 조선 최정예 1만 명이다. 오직 패하지 않을 방도를 강구하는 데 힘쓰라."(1619년 2월 3일『광해군일기』)

최정예군을 이끈 야전사령관에게 필승이 아니라 패하지나 말라니, 이상했다. 전날 편지에 그 이유가 적혀 있다. "한 명의 오랑캐도 보지 못하고 돌아오더라도 적敵은 조선군이 이미 저들 국경 내에 들어간 사실을 알 것이 분명하다. 이후로 원한을 돋우는 화는 필시 깊어질 것이다."(1619년 2월 2일『광해군일기』) 훗날 화를 대비해 적당히 싸우는 척을 하라는 뜻이었다. 과연 강홍립 부대는 작은 승전과 큰 패전 끝에 "부득이한 참전임을 너희가 모르느냐"라며 항복하고 포로가 되었다.(『연려실기술』권21,「폐주 광해군 고사본말」, '심하의 전쟁') 포로 가운데 박난영이라는 사내도 있었다. 무장武將 박난영, 파란만장한 외교관 생활이 시작됐다.

박난영의 파란만장한 일생 1 - 포로

충청도 면천군수 시절 박난영은 거친 사람이었다. 그때 온양 사는 몇 사람이 반란을 꾀했는데, 진압과정에서 박난영은 무고한 사람들까지 무자비하게 다루어 논란을 빚었다.(1602년 9월 7일『선조실록』) 그런데 이후 무반 관직으로 자리를 옮기더니 사람이 완전히 바뀌었다. 1606년 함경도 함흥 감영 성곽 공사 때 박난영은 전심전력으로 모두 방도에 알맞게 하였으므로 민정을 기스

르지 않았다. 함경감사 이시발은 '이 큰 역사를 끝마치는 수개월 동안 원망하는 일이 생기지 않았던 것은 모두 박난영의 힘'이라고 보고했다.(1606년 11월 2일 『선조실록』) 왕좌를 이은 광해군은 박난영을 창성부사로 임명했다.(1618년 7월 26일 『광해군일기』) '행실이 금수 같아서 사람대접 못 받는 자'라는 사헌부 평가는 무시됐다. 박난영은 평안도 북단 압록강을 낀 창성은 군사지역 지휘관이 되었다.

1618년 명나라 조정에서 후금을 함께 치자고 요청이 내려왔다. 명나라는 봄볕 만난 얼음장처럼 사라지고 있었다. 후금은 빗줄기 만난 죽순처럼 시퍼렇게 솟구치고 있었다. 1619년 광해군은 강홍립을 출정시키며 '싸우는 척만 하라'고 명을 내렸다. 박난영 또한 그 부대 소속으로 전투를 하다가 생포됐다.

1623년 서인 세력이 광해군을 몰아냈다. 4년 뒤 정묘호란이 터졌다. 후금은 생포한 강홍립과 박난영을 협상단에 끼워 넣었다. 두 나라는 형제의 맹약을 맺었다. 전쟁은 종료됐다. 이듬해 비변사는 박난영은 '적에게 포로가 되고 10년이 되도록 절개를 잊지 않았다'고 평가했다.(1627년 2월 1일 『인조실록』)

이후 박난영은 외교관이 되었다. 때로는 회답관回答官으로, 때로는 추신사秋信使, 춘신사春信使로, 선위사宣慰使와 선유사宣諭使로 후금과 조선을 오가며 협상을 담당했다. 그때 심양에는 조선의 왕제王弟가 살고 있었다. 인질이었다. 왕제 이름은 원창군 이구李玖다.

가짜 왕실 1 – 원창군 이구

정묘호란 종전 때 후금은 조선 왕자 한 명을 볼모로 요구했다. 인조는 원창부령 이구에게 급히 왕제 원창군이라는 군호를 내리고 은수저, 은병, 은잔을 바리바리 싸주며 대신 볼모로 가라고 명했다. '부령'은 종5품으로 명목만 있는 종실이다. 두 달 뒤 '조선 국왕 이종(인조의 이름)'은 "원창군 이구를 왕제라 칭하여 오랑캐에게 보냈다"며 "천지 부모 같으신 황제께서 애처롭게 여기시라"고 보고했다.(1627년 4월 1일 『인조실록』) 원창군은 심양으로 가서 왕동생 노릇을 톡톡히 했다. 가끔 조선에 돌아와 후금 정세를 보고하기도 했다.

하지만 조선 조정은 녹아내리는 얼음장, 명에 충실했다. 맹약을 맺은 형제국 후금은 그 광경을 지켜보았다.

병자호란과 파란만장한 나라

나라는 파란만장했다. 조선을 치자는 후금 장수들에게 누르하치의 둘째 아들 귀영개貴永介는 "조선은 구구히 예의를 지키는 쇠약한 나라이니 명을 치면 어차피 우리 것"이라고 이의를 제기했다.(정태제, 『국당배어菊堂俳語』) 하지만 대세는 전쟁이었다. 주전파인 용골대, 마부대를 따라 동생이자 황제 홍타이지는 전쟁을 택했다. 1636년 12월(양력 1637년 1월)에 터진 병자호란이다.

12월 9일 압록강을 건넌 후금부대는 14일 한양 북쪽 홍제원까지 들이닥쳤다. 강화도로 가는 길도 차단됐다. 남대문으로 막 빠져나갔던 인조는 돌아와 문루에 걸터앉았다.(나만갑, 『병자록』) 길에 가득 찬 도성 남녀 우는 소리를 들으며 인조는 시체가 나가는 시구문인 광희문을 통해 남한산성으로 도망갔다.

두 달 남짓 산성에서 벌어진 일들은 바보가 각본을 쓰고 천치가 연출한 어이없는 일들의 연속이었다. 그 시초는 농성籠城 이틀 뒤 벌어진 두 번째 가짜 왕제 사건이었다. 12월 16일 마침내 후금부대가 산성을 포위했다.

가짜 왕실 2 - 능봉군 이칭

15일 적진에 갔던 최명길은 후금 선봉장 마부대가 왕의 동생과 대신을 원한다고 전했다. 정묘호란 때처럼 왕제를 인질로 데려가겠다는 것이다. 논의 끝에 인조와 관료들이 내린 결론은 딱 10년 전 정묘호란 때 써먹었던 그 꼼수였다. '능봉수綾峯守 칭偁을 왕의 아우라 칭하고, 형조판서 심집沈諿을 대신으로 꾸며서 보낸다'였다.(1636년 12월 15일『인조실록』) 10년 전 거짓 동생 노릇을 했던 원창군이 무탈하게 지냈으니, 이번에도 써먹자는 것이다.

인조는 즉시 먼 왕실 친척인 능봉수 이칭에게 능봉군 군호를 내려 자기 동생으로 삼았다. 먼 친척에서 순식간에 왕제가 된 이칭은 다음 날 역시 고속 승진한 심집과 함께 산성을 내려갔다.

후금 진영에서 적장 마부대가 말했다. "그대 나라는 지난 정묘년에 가짜 왕자로 우리를 속였다." 정묘년 왕제 원창군이 가짜였음을 후금은 알고 있었다.

박난영의 파란만장한 일생 2 - 죽음

숨도 못 쉬고 있는 협상단에게 마부대가 단도직입으로 대신 심집에게 물었다. "저 사람은 진짜 왕제인가? 그대는 진짜 대신인가?"(1636년 12월 16일 『인조실록』) 실록에는 심집이 아무 대답을 하지 못했다고 기록돼 있지만,『병자록』은 다르다.

'심집이 적진에 나가서 말했다. "나는 평생 충과 신을 말했다. 비록 오랑캐라도 속일 수 없다." 그러며 마부대에게 말했다. "나는 대신이 아니며 능봉군은 종실 사람이지 왕제가 아니다." 놀란 능봉군이 말하였다. "이 사람은 실제 대신이고, 나는 진짜 왕제다."'(『병자록』)

심양으로 가던 길에 포로로 잡혀 왔던 외교관 박난영과 박노가 그 자리에 있었다. 마부대가 박난영에게 물었다. "누구 말이 맞는가?" 박난영이 답했다. "능봉의 말이 옳다." 뒤에 마부대가 자기가 속은 줄 알고서 "박난영이 거짓말을 했다" 하며 목을 베어 죽였다. 꼼수가 꼼수를 불러 노련한 외교관 한 명이 목숨을 그렇게 잃고 말았다. 마부대는 "왕제가 아니라 왕자를 불러라"고 요구하고 능봉군과 심집을 돌려보냈다.

그날 밤 세 정승과 다른 관료들이 동궁(왕자)을 보내고 홍타이지를 황제라 부르자고 건의했다. 그러자 예조판서 김상헌이 "맹세컨대 저런 자들과 하늘을 함께 이고 살 수 없다"고 고함질렀다. 협상은 완전히 결렬됐다.

1895년 청일전쟁 후 김홍집 내각에 의해 자빠진 삼전도비. 1916년 총독부가 촬영했다. [국립중앙박물관]

종전, 파란만장한 박난영

결국 인조는 47일 만에 산성에서 내려가 삼전도에서 홍타이지 앞에 무릎을 꿇었다. 그사이 벌어진 숱한 일들은 '리더Leader'에게는 코미디였고, 백성들에게는 비극이었다. 1639년 12월 조선 정부는 청 황실 요구로 삼전도에 '대청황제공덕비'를 세웠다. 지금은 '삼전도비'라 한다.

박난영은 인조가 항복하고도 두 달 넘도록 그 시신을 찾지 못했다. 세 아들이 울부짖으며 산성 밑을 돌아다니다 4월 13일에 겨우 찾았다. 찾았으되 뼈를 수습할 경비가 없어서 울고만 있었다. 인조는 수습 경비를 보조해주고 그에게 관직을 추증하라 명했다.(1637년 4월 18일『승정원일기』)

세월이 흘러 1675년 숙종 때 박난영의 고향에 정려문을 세웠다. 명분은 '오랑캐를 꾸짖으며 죽은 충신'이었다.(1675년 9월 27일『숙종실록』) 그리고 1876년 11월 27일 고종은 그에게 '충숙忠肅'이라는 시호를 내렸다.(1876년 11월 27일『고종실록』) 화친을 유도한 외교관에 덧씌워버린, '오랑캐를 탓한 충신' 이미지를 조선 망국 때까지 기린 것이다. 땅의역사

일제강점기 복구된 삼전도비(왼쪽) [조선고적도보]. 21세기 수난을 당한 삼전도비(오른쪽)

03 | 결사 항전을 주장하던 그는 항복 후 집으로 돌아갔다

국난에 대처한 세 가지 자세 1
: 김상헌

경기도 남양주 와부읍 석실마을 가족묘에는 척화파 김상헌이 묻혀 있다. 비석에는 '유명조선 문정공'(명나라 제후국인 조선의 문정공)이라고 새겨져 있다.

비문의 비밀

1637년 병자호란 때 항복을 주장한 사람은 최명길이다. 결사 항전을 주장한 사람은 김상헌이다. 두 사람은 각각 충북 청주와 경기도 남양주에 잠들어 있다. 그 비석들을 한번 눈여겨본다.

최명길 묘소 비석에는 이렇게 새겨져 있다. '조선 상국朝鮮相國 증시 문충지천최공명길지묘.' '조선의 정승, 문충공 최명길의 묘'라는 뜻이다. 비석 뒤에는 '세歲 임오년 5월'이라고 새겨져 있다. 1702년에 건립했다는 뜻이다.

경기도 남양주 김상헌 묘비에는 이렇게 새겨져 있다. '유명조선有明朝鮮 문정공 청음 김선생 상헌 지묘.' '황제국 명나라 제후국인 조선의 문정공'이라는 뜻이다. 건립한 1669년을 비석에는 '숭정기원후崇禎紀元後 42년 기유 4월'이라고 기록했다.

'유명조선'과 '조선', 그리고 '세 임오년'과 '숭정기원후 42년'. 두 사람이 국가 비상사태에 대처했던 상이한 자세를, 비석이 말한다.

숭정기원후 유명조선

웬만한 조선 후기 사대부 묘소 앞 비석에는 '숭정기원후 ○○년'이라는 날짜가 새겨져 있다. '숭정崇禎'은 1644년 망한 명나라 마지막 황제 숭정제 연호다. 명 멸망과 함께 '숭정' 또한 사라졌다. 그런데 조선에서는 '기원후'라는 꼬리를 달고 부활했다. 망한 나라 연호를 계속 쓰겠다는 것이다. '숭정기원후' 시작은 숭정제가 등극한 1627년이다.

또 비석에 적힌 글은 '조선'이 아니라 '유명조선'으로 시작한다. '유有'는 별 뜻이 없는 접두사고, '유명조선'은 '황제국 명나라 제후국 조선'이라는 뜻이다.

이를 주장한 사람은 노론의 정신적 지주 송시열(1607~1689)이다. 송시열은 '언제나 크고 작은 글에 숭정 연호를 기록해 존주지의尊周之義(천자국을 존숭한다는 뜻)를 나타냈는데, 사람들은 청나라 연호를 쓰는 사람을 더럽게 여겼다.'(1681년 8월 23일『숙종실록』) 조선 후기 정치를 좌지우지한 거물의 지론에 따라, 많은 지식인은 물론 왕실에서도 명나라 연호를 썼다. 결정적인 사건은 병자호란이다.

지조와 절개, 예조판서 김상헌

1636년 겨울, 국가 지도자들은 일찌감치 예견된 전란에 대비 없는 논쟁을 벌였다. 수도가 함락될 때까지 손 놓고 있던 이들은 남한산성으로 들어가 40일 넘도록 또 논쟁을 벌이다 '오랑캐' 신하가 되었다. 그 병자호란에 대한 구구절절한 이야기는 생략하자. 대신 당시 예조판서 김상헌의 행적을 세밀하게 추적해본다.

김상헌은 죽어도 오랑캐에게 머리를 조아릴 수 없다고 주장했던 척화신斥和臣이요, 훗날 지조와 절개의 상징으로 추앙받는 인물이다. 그 반대편에 최명길이 있었다. 이조판서였던 최명길은 이미 10년 전 정묘호란 때부터 척화는 비현실적이라고 주장한 주화파였다. 김상헌에 따르면 최명길은 "죽기로 기를 쓰고 힘을 다하면 오랑캐를 끼고 권병權柄(권력)을 도둑질할 수 있다고 생각한 자"였다.(김상헌,『남한기략南漢紀略』)

『남한기략』은 김상헌 본인이 기록한 남한산성 항전기다. 김상헌은 이 책에 남양주 석실마을에서 전쟁 소식을 들은 날부터 산성에서 나온 날까지를 꼼꼼하게 기록해놓았다.

결사 항전의 의지

　인조 뒤를 쫓아 산성으로 들어간 김상헌은 인조를 알현하고 결사 항전을 주장했다. 김상헌은 "싸우다 패하면 화친을 해야 하지만, 먼저 강화를 청한다면 강화 자체가 가망이 없다"고 말했다.

　『남한기략』에 따르면 12월 21일 김상헌은 예조판서에 임명됐다. 그날 예조판서 김상헌이 인조에게 말했다. "성을 지키는 군사가 일만칠천 수백 명이고 산성 형세도 험준하다. 어찌 앉아서 죽기만을 기다리는가." 게다가 성 안 백성과 피란 온 관리들 하인, 아전과 관노도 800명에 이르니 충분히 싸울만하다고 했다. 김상헌은 성벽을 보수하고 각 부대에서 정예병을 차출해 심야 기습전을 펼치면 된다고 구체적인 계획도 내놨다.

석실마을에 있던 석실서원 흔적. '도연명이 술 마시던 바위'라는 뜻의 '취석(醉石)' 두 글자는 송시열 친필이다.

하늘에 기댄 결사 항전

의지는 굳건했지만 그가 쓴 나머지 기록을 보면 항전은 불가능했다. 어느 날 성 아래를 보니 '오랑캐 기병이 눈앞 들판에 가득 찼고 멀리 (오랑캐 왕 홍타이지가) 누런 우산을 펴고 성에 올라 산성 형세를 굽어보았다.' 청군이 건너편 산까지 진격해온 것이다. 겁에 질린 인조가 그에게 물었다. "무엇을 믿겠는가." 김상헌이 답했다. "하늘의 뜻은 믿을 만합니다(天道可恃也·천도가시야)." 중화기 홍이포紅夷砲로 무장한 적군 앞에서 예조판서가 내놓은 계책이었다. 천도를 믿고 내보낸 군사들이 야간기습전에서 청병 2명 목을 베어왔는데, 알고 보니 이미 전사한 조선군 목이었다. 병사 수백 명이 북문北門 밖에서 벌인 전투에서 조선군은 서른 명 넘게 전사하고 청군은 한 명도 다치지 않았다.

그리하여 김상헌은 인조의 명으로 서낭당과 백제 시조묘에 가서 다시 하늘에 뜻을 빌었고 절을 찾아가 인조 아버지인 원종대왕에게 제사를 지냈다. 그리고 인조가 문무백관을 모아놓고 계책을 묻자 모두 묵묵히 입을 다물다 회의가 끝났다. 왕을 떠받드는 근왕병勤王兵도 속속 도착했지만 모두 패하여 물러났다. 오랑캐는 날로 교만하게 굴고 처지는 궁지에 몰려갔다.(김상헌, 『남한기략』,「일기」)

아무 비전도, 아무 결과물도 없이 시간이 흘렀다. 청나라 진영이 '초항招降'이라고 적힌 깃발을 내걸었다. 항복하라는 뜻이었다. 군사들은 얼어 죽기 시작했다.(1637년 1월 14~15일 『인조실록』) 1월 17일 홍타이지가 편지를 보냈다. 편지에는 '싸우고 싶다면 속히 일전을 벌여 하늘에서 처분을 받자'라고 적혀 있었다.

다음 날 이조판서 최명길이 항복문서 초안을 인조에게 제출했다. 예조판서 김상헌이 문서를 찢어버렸다.(1637년 1월 17~18일『인조실록』) 김상헌은 "군신 상하가 죽기로써 맹세한다면 천명天命이 따라주지 않더라도 지하에서 선왕에게 부끄럽지 않으리라"라고 말했다. 참봉 심광수는 "형편없는 대신大臣 최명길을 죽이자"고 했고 이조참판 정온은 "힘만 있으면 최명길 대가리를 깨뜨려 부수고 싶다"고 했다. 김상헌은 20일부터 단식에 들어갔다.(김상헌,『남한기략』,「일기」)

항복하던 그날

1월 26일 봉림대군이 피란 중인 강화도 함락 소식이 전해졌다. 다음 날 인조는 주화파 의견을 좇아 항복을 결정하고 항복문서를 작성해 청나라 진영으로 보냈다. 28일 이조참판 정온이 '진실로 부끄럽다'고 글을 쓰고 칼로 배를 그었다. 단식 중이던 김상헌도 끈으로 목을 맸다. 두 사람 모두 미수에 그쳤다. 실록 사관은 "강상綱常과 절의節義가 두 사람 덕분에 일으켜 세워졌다"고 평했다.(1637년 1월 28일『인조실록』)

1652년 그가 남양주 석실마을에서 죽었다. 실록은 이렇게 기록했다. '(산성에서) 스스로 목을 매었는데 옆에 있던 사람이 구하여 죽지 않았다.'(1652년 6월 25일『효종실록』) 김상헌이 목을 맸을 때 옆에는 아들 김광찬이 있었다.

그리고 이틀 뒤 마침내 인조가 남한산성 서문으로 내려와 삼전도에서 항복 의식을 치렀다. 김상헌은 산성에 7일을 더 머물다가 아들과 함께 동문東門(실록에는 북문으로 돼 있다)을 거쳐 고향으로 돌아갔다. 많은 척화파 관리들이 항복을 반대하고 인조를 따라가지 않았다.

왜 인조를 수행하지 않았나, 라는 질문에 김상헌은 이리 답했다. "성 밖으로 한 걸음이라도 나갔다면 순리에 역행하는 일이었다. 원수를 떠받들고 상국上國(명나라)을 범하는 일은 옳지 않으니, 임금의 명이라도 따르지 않는 게 순리였다."(김상헌,『남한기략』,「풍악문답」)

1640년 청의 대명 전투 참전 요청을 거부한 혐의로 김상헌이 청으로 끌려갔다. 심양에 억류 중이던 소현세자 일행의 보고서 '심양장계'에는 김상헌이 똑같은 질문에 이렇게 답했다고 적혀 있다. "신하로서 어찌 따르고 싶지 않았겠는가. 다만 내 병이 위중하였다."(『국역 심양장계』2, 신사년 정월 10일)

그해 가을 인조가 이렇게 말했다. "나라가 어지러우면 같이 죽겠다는 말을 하였으므로 나도 그리 여겼다. 그런데 먼저 나를 버리고 젊고 무식한 자들 앞장을 섰다."(1637년 9월 6일『인조실록』)

최명길이 열어준 문

1644년 명이 멸망했다. 5년 뒤 인조 둘째 아들 봉림대군이 왕이 되었다. 북벌을 계획했던 효종이다. 대명의리를 존숭하고 병자년 원수를 갚겠다는 전쟁 계획이었다.

북벌이 비현실적임이 드러나면서 새 논리가 탄생했다. 명나라는 사라지지 않았고 조선이 그 중화를 계승했다는 '조선 중화朝鮮中華' 이념이다. 명이 부활했으니 오랑캐와 싸울 이유가 없다는 논리였다.

그래서 조선은 명나라 연호 숭정을 쓰고, 비석에는 '명나라 제후국 조선(유명조선)'을 굳이 명시하게 되었다. 척화를 주장하며 청에 압송까지 당했던 김상헌은 대로大老(대원로)라 불리며 대명의리 상징으로 부활했다.

그런데 인조 때 문신 이식은 이렇게 평했다. '김상헌 또한 최명길이 열어준

문으로 나간 것이다(亦從完城所開之門而出去矣·역종완성소개지문 이출거

의).'(최창대,『곤륜집』20,「지천공유사」) 땅의 역사

충북 청주의 최명길 묘비는 최명길을 '조선 정승(朝鮮相國)'으로 기록했다(왼쪽). 김상헌 묘비엔 '황제국 명나라의 제
후국인 조선'이라는 뜻의 '유명조선(有明朝鮮) 청음 김상헌'이 새겨져 있다(오른쪽).

04 | 그대들은 명나라를 위해 조선을 망하게 하려는가

국난에 대처한 세 가지 자세 2
: 최명길

충북 청주 대율리에 최명길의 묘가 있다. 주소는 북이면 대율리 253-3이다. 사별한 첫 아내와 두 번째 아내 그리고 본인 묘가 있다. 비석에는 이렇게 적혀 있다. '朝鮮 相國 贈諡 文忠 遲川 崔公鳴吉之墓·조선 상국 증시 문충 지천 최공명길지묘.' 뒷면 끝에는 건립 날짜 '세 임오 5월·歲 壬午 五月'이 새겨져 있다. 1702년이다.

병자호란에 함께 맞섰던 김상헌 묘비와 대비되는 비문이다. '황제국 명나라 제후국 조선(유명조선)' 대신 '조선'을, 명나라 마지막 숭정 황제를 그리는 '숭정기원후' 연호 대신 무심한 '세월(歲·세)'을 새겨 넣은, '조선의 대신' 최명길 이야기다.

정묘호란과 최명길의 행적

1623년 3월 12일 밤 능양군 이종과 그 무리는 광해군을 끌어내렸다. 능양

178

군이 왕위에 올랐다. 쿠데타 명분은 인목대비를 폐위하고 동생 영창대군을 죽인 폐모살제廢母殺弟 혐의, 오랑캐 후금과 통교해 대명의리를 저버린 패륜 혐의 용의자 처단이었다.

쿠데타 4년 뒤 정묘호란이 터졌다. 대명의리를 기치로 반정 공신이 된 자들이니, 전쟁 불사파도 큰소리만 쳤지 실제로는 화의 성립을 바라고 있었다. 그런데 오로지 한 명 최명길만이 나서서 강화를 주장해 관철했다.(장유,『계곡만필』1,「만필」)

청주의 최명길 묘소. 가운데는 최명길, 왼쪽은 첫 아내 인동 장씨, 오른쪽은 두 번째 아내 양천 허씨의 묘다. 비석에 적힌 '朝鮮 相國 贈諡 文忠 遲川 崔公鳴吉之墓(조선 상국 증시 문충 지천 최공명길지묘)'의 '조선 상국'은 '조선의 정승'이라는 뜻이다.

그 또한 반정 공신이었던 최명길이 앞장서서 조선은 강화도 연미정燕尾亭에서 화약을 맺었다. 오랑캐 후금은 형이 되었고, 문명국 조선은 동생이 되었다. 반정 공신들은 이를 갈았다. 사람들이 교대로 상소를 올려 최명길 탄핵을 요구했으나 인조는 허락하지 않았다. (박세당, 『서계집』, 「최명길 신도비명」)

병자년 9월 서울시장 최명길

전쟁 냄새가 진하게 피어오르던 1636년 9월, 한성판윤 최명길이 인조에게 보고서를 올렸다. 내용은 이러했다.

'군사령부를 평안도로, 평안도 병력을 (압록강이 있는) 의주로 이동시켜야 한다. 늦긴 했지만 의주를 굳게 지키면 대책 없이 망하기를 기다리는 것보다 낫다. 압록강물이 얼면 화가 목전에 닥칠 것이다.' 인조는 보고서에 대해 답을 내리지 않았다. (1636년 9월 5일 『인조실록』) 군 병력 이동은 이뤄지지 않았다. 12월 8일 청나라 기병대가 압록강 얼음 위를 건넜다. 의주는 비어 있었다.

병자년 12월 무악재와 최명길

압록강을 건넌 청나라 기병부대는 중간에 있는 모든 성들은 지나쳐버리고 순식간에 서울 홍제동 무악재까지 들이닥쳤다. 입으로 전쟁을 외치던 조선 정부 관료들은 또다시 강화도행 피란길에 올랐다.

창덕궁을 떠난 일행이 남대문에 이르렀다. 이조판서 최명길이 적진 동태를 살피겠다고 인조에게 말했다. 인조는 오랑캐에게 강화를 청하면서 진격을 늦추게 하도록 했다. (1636년 12월 14일 『인조실록』) 병사 20명이 동행을 하였는데, 최명길이 적진에 이르니 모두 도망가고 없었다. 그사이 인조 일행은 수

1627년 정묘호란 강화조약을 맺었던 강화도 월곶 연미정(2019년 촬영). 그때 최명길이 화친을 주도했다. 2019년 8월 태풍 링링으로 쓰러진 느티나무는 살아나지 못했다. 2020년 4월 연미정(아래).

최명길 묘비 뒤에 새겨진 날짜. '숭정기원후'라는 연호
대신 '歲(세) 임오년 5월'이라고 새겨져 있다.

구문水口門(신당동 광희문)으로 빠져나가 무사히 남한산성으로 들어갔다. 다
음 날 최명길이 귀환했다. 인조가 말했다. "조정 관료들이 모두 경卿과 같았다
면!"(박세당, 「최명길 신도비명」) 최명길은 귀환한 그날 다시 협상단 대표로 청
나라 군영에 투입됐다.

17일 예조판서 김상헌이 결사 항전하자고 인조에게 말했다. 18일 전 참봉

심광수가 인조에게 극언했다. "한 사람 목을 베 화의를 끊고 백성에게 사과하시라." 인조가 물었다. "그 한 사람이 누구인가." 전 참봉이 답했다. "(오랑캐와 협상하고 온) 최명길이다." 그 자리에 있던 최명길은 자리를 피했다.(1636년 12월 18일『인조실록』)

병자년 명 황제 생일과 망궐례

압록강 국경을 지키자는 건의는 무시됐다. 그 덕에 왕실과 관료들은 산성으로 내몰렸고, 국토는 유린 일보 직전이었다.

이보다 14년 전인 1623년 윤10월 반정 공신 이귀가 인조에게 말했다. "조선은 원래 군사가 없는 나라라 지식인들이 걱정한다." 공감하는 인조에게 이귀가 내놓은 최종 계책은 남한산성 보수였다. "남한산성은 서울에서 멀지 않고 형세가 험고하니 미리 수축하여 둠으로써 급박할 때 기지로 삼아야 한다." (1623년 윤10월 16일『인조실록』)

14년 뒤 공신들은 최명길이 시간을 지체시켜 그 남한산성으로 도피할 수 있었다. 다음 날 최명길이 돌아오자 이들은 강화도로 다시 도망갈 계책을 논의했다.

9일 뒤 인조가 문무백관을 거느리고 북서쪽을 향해 '만수무강萬壽無疆'을 기원하며 절을 올렸다. 그날은 명나라 황제 숭정제의 생일이었다. 신하가 주군을 직접 찾아가 인사를 하지 못하고 멀리서 예를 올리는 이 의식을 '망궐례望闕禮'라고 한다. 대명의리를 저버렸다고 광해군을 몰아낸 이들에게 다른 선택은 없었다.

해가 바뀌고 정축년이 밝았다. 정월 초하루 인조는 문무백관과 함께 또 새

해맞이 망궐례를 올렸다. 오랑캐 황제 홍타이지가 30만 대군을 끌고 탄천에 도착했다. 홍타이지는 남한산성 동쪽 망월봉에서 망궐례를 올리는 인조 일행을 지켜보았다.(1637년 1월 1일『인조실록』)

"조선의 대신들 맞소?"

1월 18일 마침내 이조판서 최명길이 항복 국서 초안을 작성했다. 최명길은 홍타이지를 '황제'라고 불렀다. 예조판서 김상헌이 불같이 화를 내며 국서를 찢어버렸다. 찢어진 국서를 최명길이 주워 담았다. 다른 대신들이 인조에게 국서 재검토를 요구했다. 최명길이 말했다. "그대들이 매번 조그마한 곡절을 다투느라 이런 치욕을 맞게 되었다. 국서 송달 시기는 당신들 일이 아니니 닥치라."(1637년 1월 18일『인조실록』)

문무대신과 지도자는 적 앞에서 망궐례를 올리고 황제라 적힌 국서 송달을 망설였다. 최명길은 그 속 터지는 느낌을 훗날 이렇게 적었다.

'명 황제가 임진왜란 때 조선을 도운 것은 감격스러운 일이다. 다만 조선의 신하로서 명을 위해 우리나라를 망하게 할 수는 없다. 이것이 의리義理요 성현의 교훈에도 부합하는 일이다.'(최명길,『지천집』속집1,「장유에게 보내는 답신」: 한명기,『최명길평전』, p492, 재인용)

결국 최명길은 김상헌이 찢어놓은 국서를 다시 수정해 인조에게 제출했다. 인조 결재를 받은 최명길은 국서를 들고 내려가 홍타이지에게 제출했다. 치욕스럽되, 조선의 신하 최명길은 조선의 왕 인조와 조선의 백성을 살렸다.

협정을 맺었어도 전쟁은 끝나지 않았다. 명나라 잔존 세력을 박멸하려는 청은 조선에 대병력 파병을 요구했다. 최명길은 인조에게 "대신 한두 사람이 죽어야 천하와 후세에 떳떳이 할 말이 있으니 내가 감당하겠다"고 말했다. 그해 9월과 이듬해 12월 최명길은 심양으로 떠났다. 최명길은 장례 도구까지 들고서 길을 떠났고, 가족은 곡송哭送(통곡하며 배웅)했다.(박세당,「최명길 신도비명」) 징병 요구는 철회됐다.

구국 재상 그리고 간신

그 최명길이 1647년 죽었다. 서계 박세당은 이렇게 기록했다. '모두가 헛말만 하고 계책을 세우지 않다가 적병이 성 아래 닥치고 말았다. 공은 6척 안 되는 몸으로 적군으로 달려 들어가 구설口舌(말)로 칼날에 맞서고 유순함으로 강포함을 눌렀다. 사직이 온전하고 위태로웠던 생민이 안정됨은 누구의 공인가.'(박세당,『서계집』7,「지천집 서」)

최명길은 1681년 숙종 때 뒤늦게 문충공 시호를 받았다. 100년 뒤 정조가 명쾌하게 결론을 내렸다. "그가 아니었다면 누가 감히 강화를 감행할 수 있었겠는가."(1778년 11월 5일『일성록』: 한명기,『최명길평전』, p577, 재인용)

그런데 1653년 효종 4년에 완성된『인조실록』에는 그가 '한 시대를 구제한 재상(구시지상救時之相)'이며 동시에 '소인小人'이라고 기록돼 있다.(1647년 5월 17일『인조실록』) 한 사람을 두고 극명하게 갈린 평가다. 또 많은 사람은 그를 간신으로 기억하고 척화파 김상헌을 절개의 상징으로 기억한다. '조선 사람들이 잠자리를 편히 하고 자손을 보전할 수 있음은 모두 공의 은택인데, 그에게 힘입은 자들이 그 사람을 헐뜯으니 너무 잘못된 것이 아니겠는가.'(박세당,『서계집』,「지천집 서」) 누가 그를 간신으로 낙인찍었고, 왜 우리는 그를 간신으로 기억하는가. 이제 송시열이 등장한다. 평의역사

05 | 조정과 백성이
최명길을 씹어 먹으려고 한다

국난에 대처한 세 가지 자세 3
: '황제의 신하(陪臣·배신)' 송시열

1623년 인조반정 성공 나흘 뒤 왕위에 오른 능양군 이종이 선언했다. "금수禽獸의 땅이 다시 사람 세상이 되었다."(1623년 3월 17일『인조실록』) 사람 사는 세상은 4년 뒤 오랑캐 후금과 형제의 맹을 맺으며 균열이 갔다. 다시 10년 뒤 인조가 삼전도에서 이마를 아홉 번 찧었다. 세상은 금수의 시대로 회귀했다.

세 사람의 이상한 관계

1633년 9월 송시열이 생원시에 장원급제했다. 과거 시험관은 "마땅히 세상을 울리는 큰선비가 되리라"고 예언했다.(『송자대전』부록2,「연보」) 송시열은 능참봉직을 얻었으나 보름 만에 사직했다. 3년 뒤 병조판서가 인조에게 인사 추천서를 올렸다. "3년 전 장원급제한 송시열은 흔한 유학자가 아니기에 지역에서 함부로 그른 짓을 하지 못한다."(1636년 6월 11일『인조실록』) 송시

충북 괴산 화양동계곡에는 송시열이 꿈꾼 대명 사대주의 이상향 흔적이 곳곳에 있다. 사진 속 만동묘(萬東廟)는 송시열이 죽고 유언에 따라 후학들이 만든 명나라 황제 사당이다.

열은 대군 사부로 임명돼 소현세자 동생인 봉림대군을 가르쳤다. 반년 뒤 전쟁이 터졌다. 전쟁은 최명길에 의해 실질적으로 종료됐다.

항복하던 날 송시열은 인조 일행을 따르지 않고 속리산으로 갔다. 속리산 복천사 앞에서 젊은 천재 윤휴尹鑴(1617~1680)를 만났다. 윤휴는 송시열이 "우리네 독서 30년이 헛되도다"라며 찬탄했던 선비였다. 윤휴는 "벼슬을 하더라도 이 치욕을 잊지 않겠다"고 송시열과 함께 통곡했다.(『백호전서』 부록2, 「윤휴 행장」)

훗날 송시열은 윤휴를 주자를 배신한 '사문난적斯文亂賊'으로 낙인찍었다.

'사문난적'은 '아름다운 (주자의) 글을 어지럽힌 도둑'이라는 뜻이다. 서인 세력은 윤휴를 처형했다. 또 훗날 송시열은 이리 선언했다. "최명길은 간신이다." 그리고 말을 바꿨다. "나는 그런 말 한 적 없다." 송시열을 장원으로 뽑은 시험관, 3년 뒤 그를 인조에게 추천한 병소관서는 그 간신 최명길이었다.

그가 위기에 대처했던 자세, 사대

약소국 조선에 명나라는 큰 세력이었다. 신라 때 당나라가 그랬다. 고려 때 송과 원이 그랬다. 군사 대국이며 선진 문명국인 명나라에 조선은 창업 때부터 사대를 택했다. 사대는 제후국이 황제국에 충성을 주고 보호를 받겠다는 외교 관계다.

괴산 청천면에 있는 송시열 무덤

삼전도 항복 후 많은 관료가 인조를 '더러운 임금(오군汚君)'이라 불렀다. 조정은 '하찮은 정부(소조小朝)'라 했다.(김영조, 『망와문집』 4, 「대사헌 사직의 소」)

주군에서 천민까지 수직으로 서 있던 위계질서가 파괴된, 금수의 세상이 도래한 것이다. 반정으로 이룩한 서인西人 정권이 위태로웠다.

금수의 시대를 돌파할 무기를 송시열은 사대에서 찾았다. 사대는 임금까지 더럽다고 비난하는 세상을 바로잡는 새로운 이데올로기로 변했다.

"(임진왜란 때 조선을 도운 명나라에 대해) 나의 피와 살이 누가 내려준 피와 살인가 하며 모두 감격해 죽음으로 보답할 것을 생각했다."(송시열, 『송자대전』 19, 「논대의잉진윤증사소論大義仍陳尹拯事疏」)

명나라는 단순한 황제국이 아니라 아들 조선을 보살피는 아버지 나라로 바뀌었다. 조선과 명은 충忠이 아니라 효孝로 맺어진 혈연관계가 되었다. 죽어서 제사를 지내야 하는 아비가 되었다. 사대에 어긋나는 모든 행위는 그 세계에 대한 모독이며 반란이었다. 송시열이 말했다. "우리나라 풀 한 포기 나무 한 그루, 백성 머리털 하나까지도 황제 은총을 입은 것이다."(송시열, 「기축봉사」, 1649)

그런데 그 조선이 오랑캐에게 머리를 숙였다. 그 오랑캐가 군사력이 어마어마한지라 복수는 불가능했다. 치욕을 씻어낼 정신승리가 필요했다. 정신승리를 위해서는 희생양이 필요했다. 그게 최명길이다.

『삼학사전』 저술과 간신 최명길

1671년 송시열이 『삼학사전三學士傳』을 지었다. 척화 3신인 홍익한, 윤집,

오달제를 기리는 글이다. 이런 내용이 들어있었다. '…명길이 윤집과 오달제를 끌고 가는데, 양지바른 언덕(양파陽坡)에서 명길이 말했다. "저들에게 척화신이 더 많이 있다고 하면 모두가 살 수 있다." 두 사람은 벌떡 일어나 이리 말했다. "우리를 빙자해서 명류名流(명망가)들을 한꺼번에 죽이려 하니, 대간大奸(크게 간사한 자)의 꾀는 간교하고 참혹하구나."' 송시열은 홍익한의 말을 빌려 최명길을 이렇게 비난했다. "조정과 백성이 모두 최명길을 씹어 먹으려 한다."

희생양이 필요했던 서인 세력에 최명길은 만고의 간신이 되었다. 그런데 5년 뒤 성균관 관장 격인 대사성大司成 남구만이 이의를 제기했다. 그런 일 자체가 없었다는 것이다. 송시열은 남구만에게 "최명길이 화친의 장본인인데, 이 에피소드를 없앤다고 뭐가 달라지는가"라며 수정을 거부했다.(송시열, 『송자대전』76, 「남구만에게 답함」) 하지만 해명 요구는 이어졌다. 결국 송시열은 '양파' 사건을 삭제했다.

2년이 지난 1678년 윤3월 21일 이조판서 홍우원이 숙종에게 상소했다. "최명길은 송시열이 간신이라 지목한 자이다."(1678년 윤3월 21일 『숙종실록』) 한 달 뒤 충북 괴산 화양동에 내려가 있던 송시열이 이 말을 들었다. 송시열이 말했다. "저들이 임금을 속이는구나. 나는 간인奸人이라고 한 적이 없다. 아마 삼학사전을 봤겠지."(송시열, 『송자대전』125, 「1678년 4월 아들에게 답함」) 마치 『삼학사전』을 다른 사람이 쓴 양 시치미를 뗀 추한 모습이다.

노소론 분당과 간신의 부활

1680년 송시열이 극찬했던 천재 선비 윤휴가 처형됐다. 역모죄였다. 일찍 감치 윤휴는 송시열에게 미운털이 박혀 있었다. "나를 알아줄 분도 오직 주자

190

朱子, 죄줄 분도 오직 주자"(송시열, 『송자대전』 28, 「이사심에게 보내는 편지」)라고 주장하는 송시열에게 윤휴는 이렇게 말했다. "천하의 허다한 의리를 어찌 주자만 알고 나는 모른다는 말인가."(남기제, 『아아록』) 남인南人 윤휴 또한 사문난적으로 낙인찍혔고, 죽었다.

1681년 윤휴를 두둔하던 윤증尹拯 가문과 송시열 사이에 다툼이 벌어졌다. 송시열은 윤휴를 두둔하는 자 또한 사문난적이라고 몰아붙였다. 이듬해 윤휴 잔당 처리 문제를 두고 서인 내부에 균열이 생겼다.

1682년 어영대장 김익훈이 정치 공작으로 남인을 숙청하려다 발각됐다. 양심 있는 서인 소장파가 처벌을 요구했다. 명분주의자 송시열이 뜻밖에도 김익훈을 옹호했다. 이유는 "우리 편이니까"였다.(송시열, 『송자대전』 부록15, 「어록」2)

이에 소장파가 당을 갈라 나가니 이게 노론과 소론의 분열이다.(1683년 2월 2일 『숙종실록보궐정오』) 소론 당수는 윤증이었다. 송시열이 사문난적으로 찍은 박세당, 최석정 등이 뒤를 이었다. 최석정은 최명길의 손자다.

붕당 두 달 뒤인 4월 13일 송시열이 『삼학사전』에 '부기'를 추가했다. "(양파 사건 에피소드가) 있었다가 삭제됐다는 실상을 기록해두지 않는다면 의문점이 남기 때문에 '내가 이러이러한 사실을 삭제했다'고 여기 기록해둔다."(송시열, 『송자대전』 213, 「삼학사전」) 어제까지 동지였던 최명길 지지 세력이 소론으로 분리되자 송시열이 보인 행동이었다. 오랑캐에 나라를 판 간신을 끄집어내 원리주의파 노론을 결집시킨 것이다. 최명길은 이후 오래도록 간신 낙인을 지우지 못했다.

***

충북 괴산 화양동계곡은 송시열과 그 정치 후배들의 아지트다. 송시열 후배들이 명나라 황제 제사를 지낸 '만동묘萬東廟'도 복원돼 있다. 만동묘에서 계곡 안쪽으로 가면 첨성대라는 절벽이 나온다. 절벽 아래에 송시열이 이렇게 새겨놓았다. '大明天地 崇禎日月·대명천지 숭정일월'. '온천지(공간)는 명나라 땅이요, 해와 달(시간)은 숭정 황제 것이라.' 그 옆에 이렇게 적어놓았다. '앞 여덟 자는 배신陪臣 송시열이 삼가 새긴다.' 여기서 '배신'은 '황제의 신하'라는 뜻이다.

화양동계곡 첨성대 절벽에 송시열이 새겨 넣은 '대명천지 숭정일월'은 '천지는 명나라 것, 해와 달은 숭정 황제 것'이라는 뜻이다.

'숭정기원후 삼갑자' 연호가 새겨진 송시열 묘비 뒤쪽(왼쪽)과 '유명조선'으로 시작하는 송시열 묘비(가운데), '조선'으로 시작하는 박세당 묘비(오른쪽)

화양동에서 가까운 괴산 청천에는 송시열의 묘가 있다. 묘비에 이렇게 적혀 있다. '유명조선(황제나라 명의 제후국 조선) 좌의정 송시열'. 1804년 후손이 세운 또 다른 묘비 뒤에는 건립 날짜가 적혀 있다. '숭정기원후 삼갑자 7월'. 명나라 마지막 황제 의종 등극(1627년) 이후 세 번째 맞는 갑자년 7월이라는 뜻이다.

경기도 의정부에 있는 박세당 묘비에는 '조선 숭정대부 박세당', 건립 날짜는 '今上·금상(영조) 7년(1731년)'으로 기록돼 있다. 금수의 세월을 살아간 사람들, 김상헌과 최명길과 송시열 이야기였다. 궁금하지 않은가, 이 송시열? 명의 역사

송시열이
북벌(北伐)을 추진했다고?

북벌을 거부한 송시열과 화양동 만동묘

화양동계곡 첨성대 절벽에 새겨진 '만절필동', 선조 글씨다.

충북 괴산 화양동계곡 초입에 복원이 덜 된 유적이 있다. 문 너머 가파른 돌계단을 오르면 문이 또 나오고 그 뒤쪽 건물에 현판이 걸려 있다. '만동묘'. 명나라 황제 신종과 의종을 모신 사당이다. 사당에서 계곡을 더 들어가면 등산로 옆 첨성대 절벽에 이렇게 새겨져 있다. '萬折必東·만절필동'. 황하가 만 번 꺾어도 동쪽으로 흐른다는 뜻이다. 소경대왕 글씨다. 소경대왕은 선조다. (망한) 명나라에 대한 충성심은 어떤 역경에도 한결같다는 말이다. 사당 이름은 이 넉 자에서 따왔다. 1704년 사당을 지은 이는 권상하다. 사약 먹고 죽은 스승 유지遺志로 지었다. 스승 이름은, 송시열이다. 북벌론北伐論을 주도했다는 그 인물이다.

효종, "나는 북벌(北伐)을 원한다"

대낮에 금성이 빛나던 봄날이었다. 효종이 이조판서를 불렀다. 판서 이름은 송시열이다. 왕이 "봄비가 그치지 않아 걱정"이라고 하자 송시열이 답했다. "주상께서 백성을 애써 구제하시는 정성이 지극하지만 하늘의 뜻이 편안치 않아 재앙이 거듭 생기고 백성이 원망하고 있습니다." 정치 똑바로 하라는 소리였다.

대화가 잠시 이어진 뒤 송시열이 입을 열었다. "송나라 효종이 유학자 장남헌을 만날 때는 좌우를 물리고 만나 큰일을 도모했나이다." 그러자 효종이 승지와 사관과 내시를 모두 물러가라 명했다. 바깥에 있는 관리들은 송시열이 무슨 말을 했는지 알지 못했다(外廷之臣 不知所達何事·외정지신 부지소달하사). 주위를 물리친 뒤 효종이 송시열에게 입을 열었다.

"나는 포병砲兵 10만을 길러 청나라 산해관山海關으로 쳐들어갈 계획이다."

즉위 10년 만에 왕이 밝힌 북벌北伐 계획이었다. (이상 1659년 3월 11일 『효종실록』·송시열, 『송자대전』, 「악대설화幄對說話」) 1659년 기유년 봄날 효종과 송시열이 독대한 이 대화를 기유독대己酉獨對라고 한다. 그런데 한 달 뒤 효종이 죽었다. 송시열은 15년 뒤 비밀 대화 내용을 전격 공개했다. 이유는 뒤에 나온다.

효종의 숭무정책과 산림(山林)

효종은 정통성이 약했다. 형 소현세자가 아버지 인조에 의해 쫓겨나고 대신 왕이 된 사람이었다. 원칙적으로는 아직 살아 있는 소현세자 막내아들 석견이 차기 왕이었다. 그러니 적장자 상속 원칙에 어긋났다. 이에 효종은 인조 때 원로들을 대거 숙청하고 산림山林을 등용했다. 산림은 관직을 거부한 초야 사대부로, 도학과 의리를 중시하는 재야 정치가다. 이 가운데 거물은 요집조권遙執朝權, '멀리서 조정의 권세를 좌지우지할' 정도였다. 이 가운데 송준길과 송시열이 있었다. 세간에서는 두 송宋이 "산림을 중히 등용하자(숭용산림崇用山林)"고 밀약했다고 했다. (이건창, 『당의통략黨議通略』)

병자호란 직후라 나라도 불안했다. 집권 이듬해인 1650년 숙청 위기에 몰린 인조 공신 김자점이 "효종이 무슨 일을 꾸미는지 알 수 없다"고 청나라에 밀고했다. (이건창, 『당의통략』) 청나라 사신 6명이 실상 조사를 나왔다. 조선 정부는 사신에게 뇌물까지 줘가며 겨우 무마했다. (1650년 3월 7일 『효종실록』)

집권 3년 이후 청나라 간섭이 뜸해졌다. 효종은 군비 확장에 돌입했다. 중앙군인 어영군을 4,000명에서 6,000명으로 증원하고 친위대인 금군을 600명에서 1,000명으로 증원했다. 왕권 강화 목적도 있었다. 1650년 8월 효종은 특별 무과 시험인 관무재觀武才도 전격 부활시켰다. 2년 뒤에는 직접 노량진에서 열린 열병식에 참석했다.

문신들이 반발했다. '명목은 있으나 실속은 없을 듯하다'는 것이다.(1652년 7월 22일『효종실록』) "세상이 전하께서 오랫동안 바깥 고생에 익숙해 단정히 팔짱 끼고 있는 걸 못 견딘다고 한다"는 조롱도 나왔다.(1654년 2월 29일『효종실록』) 심지어 "자전(임금 어머니)이 목욕하는 날이니 실효 없는 행사 날짜를 바꾸라"고도 했다. 이에 효종은 "나를 주왕, 걸왕 같은 폭군에 비유해도 상관없지만 어찌 감히 자전을 들먹이는가"라고 대노했다.(1652년 7월 25일『효종실록』) 지방단체장인 문관이 겸임하던 지방군 사령관, 영장營將도 무

만동묘는 중화주의자요 존명주의자 송시열의 유언에 따라 세운 명나라 황제 사당이다. 조선이 명을 이었다는 명분으로 북벌론은 완전히 퇴출됐다.

관으로 부활시켰다.

그런데 왕 스스로 "과인이 임금인 이때만큼 재난이 많은 때가 있었나"라 탄식할 정도로(1659년 3월 26일 『효종실록』) 유난히 가뭄, 홍수도 많았다. 군비 증액은 백성에게 부담이 컸다. 산림에게는 왕권을 견제할 기회였다. 왕도 산림과 타협할 때였다.

송시열, "왕이 놀기를 일삼으니"

효종이 즉위하던 해, 이미 송시열은 이런 상소를 올렸다. "전하께서는 오랑캐 속에 계실 때 날마다 술 마시고 놀기를 일삼고 학문에 종사하시지 않았다."(송시열, 『송자대전』, 「기축봉사己丑封事」, 1649년) 8년이 지난 1657년 송시열이 다시 상소를 올렸다. "지난 8년 그럭저럭 세월만 보내고 신하와 백성 기대에 부응할 만한 조그마한 공효가 없이(了無尺寸之效·료무척촌지효) 오늘날에 이르렀다."(송시열, 『송자대전』, 「정유봉사丁酉封事」) 이듬해 효종은 재야로 돌아갔던 산림의 거두 송시열을 이조판서로 등용했다. 산림 문신의 지원이 없이 군비 증강은 불가능했다. 그리하여 한 해가 또 지난 1659년 3월 그 요집조 권하는 거물 송시열이 효종과 독대한 것이다.

효종, "나와 뜻이 다르다"

효종이 이리 말했다. "예전의 칸汗(청 황제)은 인재가 많았는데 지금은 용렬하며, 점점 무사武事를 폐하고 중국의 일을 본받고 있다. 나는 그 땅에 오래 있었기에 형세 또한 잘 안다. 10만 포병을 기르면 중원의 영웅들이 호응할 것이다. 칸은 주색에도 깊이 빠져 있지만 나는 주색을 끊고 경계하여 늘 정신이 맑고 몸도 건강해졌으니, 10년을 기다릴 수 있다." 구체적이고 자신감 넘치는 북벌 계획에 송시열이 이렇게 답했다.

"제왕은 반드시 자신을 수양하고 가정을 다스린 뒤에야 법도와 기강을 세워 두서가 있게 일을 했나이다." 한마디로, 수양부터 하라는 말이었다. 거듭 구체적인 방안을 묻는 효종에게 송시열은 똑같이 거듭해서 이렇게 답했다. "격물치지와 성의를 하고 난 뒤에도 정심공부를 해야 합니다. 성인이 쓸데없는 말로 후세 사람들을 속였을 리가 없습니다." 이른바 성리학에 나오는 자기 수양론을 송시열은 끝없이 나열했다. 결국 효종이 이렇게 말했다. "경의 뜻은 내 뜻과 다르오(卿意與予不同矣·경의여여부동의)."

이게 북벌 계책을 묻고 답하는 비밀 독대의 전부였다. 효종이 한마디 더 물었다. "경은 말끝마다 주자를 칭하는데, 어찌 이처럼 잘 알고 있소?" 송시열이 답했다. "아직 읽지 못한 것이 많습니다."

송시열이 속한 서인 반대파 남인 남하정이 쓴『동소만록桐巢漫錄』에는 이런 일화가 적혀 있다. '송시열이 정승 정태화에게 와서 북벌을 도모할 때라고 했다. 그러자 정태화가 당신이 천하에 대의를 펼치라고 답하고 말았다. 그가 가고 아들이 왜 그랬냐고 물었다. 정태화는 "나한테 북벌은 안 된다는 말을 듣고 자기는 빠져나가려고 왔던 것인데 내가 어찌 속아 넘어가겠는가"라고 답했다.' 당대의 평評도, 대화를 한 군주도 송시열 속뜻을 잘 알고 있었다. 그는 북벌이 아니라 오로지 명에 대한 사대밖에 없었다.

정치논리에 놀아난 북벌론

1662년(현종 3년) 남명南明이 멸망했다. 청나라가 대륙을 완전히 지배했다. 명분만 있던 북벌론이 퇴조하기 시작했다. 1673년 청나라에 삼번의 난이라는 반란이 벌어졌다. 효종이 언급한 '영웅이 호응할 시기'가 온 것이다. 그때 남인인 윤휴가 현종에게 형세상 복수를 할 때가 왔다고 주장했다. 현종도, 뒤이은 숙종도 호응하지 않았다. 1680년 입으로 북벌을 외치던 서인 세력이 '군사를 모아 반역을 꾸몄다'며 윤휴 처형을 주장했다. 숙종은 이를 따랐다. 윤휴는 "왜 조정이 선비를 죽이는가(朝廷奈何殺儒者云·조정나하살유자운)"라 일갈하고 처형됐다.(이건창, 『당의통략』) 정권은 남인에서 서인으로 넘어갔다. 이를 경신환국이라고 한다.

그때 송시열은 6년째 유배 중이었다. 1674년 송시열은 현종 모^母이자 효종의 비인 인선왕후 장례 때 인선왕후는 (장남 소현세자 비 아래) '둘째 며느리'라고 주장했다. 효종 정통성을 부인하는 주장이었다. 현종 뒤를 이은 숙종은 송시열에게 유배형을 내렸다. 송시열을 죽이라는 남인들 상소가 빗발쳤다. 이듬해 송시열은 효종과의 대화록을 전격 공개했다. 효종과의 특별관계를 부각시키려는 뜻이었다. 사형을 면한 송시열은 윤휴의 죽음과 함께 즉각 정계에 복귀했다.

만동묘, 북벌론의 종언

1689년 송시열이 죽었다. 다시 정쟁에 패배해 제주도로 유배된 정치가였다. 그런데 그때 정권을 잡았던 남인은 죽음을 원했다. 나이 여든둘에 송시열은 사약을 받고 죽었다. 그가 제자 권성하에게 유언을 남겼다. 자기가 공부하던 화양동계곡에 명나라 황제를 기리는 사당을 지으라고. 1704년 제자들이 화양동에 만동묘를 세웠다. 그게 지금 복원 중인 만동묘다.

송시열 묘

　　그해 말 창덕궁에 또 다른 명 황제 사당인 대보단이 건설됐다. 조선이 공식
적으로 명나라를 '제사' 지냈다. 명이 공식적으로 멸망하고 조선이 그 후계자
가 됐다는 선언이었다. 정신적으로 중화 정통성을 이었다는 선언이었다. 명
은 조선에 부활했다. 굳이 북벌을 할 이유가 없었다. 송시열이 꿈꾸던 세상이
었다. 땅의 역사

07 | 황제 은총에
조선이 살아 있으니!

망해버린 명나라에 200년간 제사 지낸
창덕궁 대보단(大報壇)

창덕궁 후원 최북단에는 명나라 황제 제단인 '대보단(大報壇)'이 숨어 있었다. 1704년 숙종부터 조선이 망할 때까지
200년 동안 역대 조선 왕은 이곳에서 명나라를 향해 제사를 지냈다. 지금은 늙은 다래나무가 그곳에 산다.

어느 제삿날

　어느 제삿날에 서른넷 먹은 젊은 관료 정약용이 시를 쓴다. 청나라 천주교 신부 주문모 밀입국 사건에 연루됐다는 혐의로 좌천됐다가 용양위 부사직이라는 한직으로 복직한 지 석 달 만이다. 내용은 이렇다.

　'이 나라에만 은나라 해와 달이 떠 있네·下國獨懸殷日月

　중원 땅에는 한나라 의관 지킨 사람 하나 없다네·中原誰保漢衣冠'

　(『다산시문집』권2,「임금이 대보단 제사 때 지은 시에 차운하다」)

바로 이날 조선 22대 임금 정조가 시를 썼는데, 정약용 시는 이 어제御製시에 대한 답시다. 정조가 쓴 시는 이렇다.

'산하의 북쪽 끝까지 제후국 모두 망했어도 우리 동방만 제물과 제주를 올리는구나(山河極北淪諸夏 牲醴吾東享肆陳)'

마지막 연은 이렇다.

'만절필동萬折必東 그 정성 힘써 좇아나가리(萬折餘誠志事遵)'

(정조, 『홍재전서』권7, 「황단 제삿날 숙종, 영조 두 임금 시에 차운하다」)

'만절필동'은 황하가 만 번 휘어도 동쪽으로 흐르듯, 임진왜란 때 조선을 구원해준 명나라 은혜를 영원히 잊지 않겠다는 다짐이다. 정약용 시는 '대륙은 오랑캐 땅이 됐어도 조선에서만은 옛 왕조를 잊지 않는다'는 뜻이다.

1796년 음력 3월 3일, 임진왜란이 끝나고 198년, 명나라가 망하고 152년이 지난 봄날에 실학을 집대성한 실용주의 관료 정약용과 개혁군주라 소문난 정조가 주고받은 자랑과 다짐이 그러했다. 그날 조선왕국은 창덕궁 북쪽 깊숙한 산기슭에서 명나라 초대 황제 홍무제와 임진왜란 때 만력제와 마지막 숭정제에게 은밀하게 제사를 올렸다. 제단 이름은 대보단大報壇이다.

'명나라는 갔으니 조선이 중화(中華)'

임진왜란 이후 병자호란이 벌어지고 조선은 오랑캐 청에 망했다. 대륙은 오랑캐 말발굽에 짓밟혔다. 1644년 명이 망했다. 명 황실 일파가 만들어 명줄을 잡고 있던 남명이 1662년 망했다. 망할 줄 알았던 청나라는 욱일승천했다.

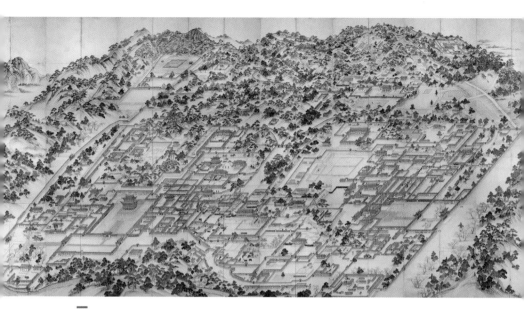

1800년대 창덕궁과 창경궁을 그린 〈동궐도(東闕圖)〉. 왼쪽 위 구석에 대보단이 그려져 있다. [고려대박물관]

북벌을 추진했던 효종은 요절했다.

북벌은 효종 혼자서 추진했을 뿐, 여당 세력인 노론은 '마음 수양 먼저 하시라'며 현실적인 정책 제시를 거부했다.(송시열, 「기해독대」)

효종이 죽고 현종이 죽고 숙종이 등극했다. 전흔戰痕이 아물고 태평성대가 왔다. '오랑캐 타도'를 떠들던 노론 엘리트들이 입을 닫았다. 대신 정신승리를 들고나왔다. '오랑캐에 짓밟힌 대륙에서 중화가 조선으로 건너왔다'는 조선 중화다. 조선이 중화이니 굳이 청나라를 타도할 이유가 없었다. 이게 당시 정치 엘리트가 가진 정서였다. 현실은 변함이 없는데 정신적으로는 위대한 승리를 거둔 것이다.

만동묘와 대보단

　1689년 사약을 받은 노론 지도자 송시열이 유언을 남겼다. '내가 살던 화양동에 명 황제 모실 만동묘를 만들라.' 명나라가 망하고 1주갑(60년)이 지난 1704년 제자 권상하는 스승 뜻을 실천했다. 원군을 보내 나라를 살려준 명나라 신종 만력제와 마지막 의종 숭정제를 기리는 묘였다. 그해 정월 7일 권상하가 만동묘를 세우고 150여 유생들과 첫 제사를 올렸다.(송시열, 『송자대전』 부록12, '연보')

　그런데 사흘 뒤인 1월 10일 숙종이 느닷없이 어전회의에서 이리 한탄하는 것이었다. "명나라가 망한 지 올 3월로 60년이다. 숭정 황제가 나라를 잃으니 울음이 솟구친다. 백성들이 그 은혜를 잊지 않게 하려면 어떻게 해야 되겠는가?" 뜨끔한 노론 대신 이여가 "사실은" 하고 만동묘 설립을 자백했다. 숙종이 말했다. "내 미처 몰랐다."(1704년 1월 10일 『숙종실록』) 황제에 대한 제사는 오로지 왕만 치를 수 있는 행사였다. 숙종은 가만히 있지 않았다.

　그해 3월 19일 밤 12시 30분 숙종은 창덕궁 후원에 임시제단을 만들고 숭정제 제사를 전격 거행했다. 숭정제 의종이 자살한 바로 그날이다. 제물은 검은 소 한 마리였다. 제문은 이렇게 시작했다. '조선 국왕 신臣 이돈李焞이 감히 대명의종렬황제大明毅宗烈皇帝에 밝게 고하나이다.'(1704년 3월 19일 『숙종실록』)

　이돈. 『조선왕조실록』에 유례없이 현직 왕 이름이 그대로 등장하는 장면이다. 명나라와 조선의 군신君臣 관계를 특별하게 부각하기 위한 조치(계승범, 『정지된 시간』, 서강대학교출판부, 2011)였다. 그리고 그해 11월 숙종은 후원 깊숙한 곳에 제단을 만들고 이름을 대보단이라고 정했다. 이듬해 3월 9일 숙종은 대보단에서 임진왜란을 구원한 만력제 제사를 지냈다.

비겁한 대보단

만동묘 같은 사당이 아니라 제단祭壇을 지은 이유가 있었다. 숙종 몰래 화양동에 만동묘를 설치했던 노론은 만동묘를 국가 제사 장소로 공인받으려 했다. '사민士民이 이미 두 황제를 향사하는데 조정에서도 한다면 곤란한 일.'(권상하, 『한수재집寒水齋集』권4, 「이치보에게 답함·答李治甫」) 상설 사당을 반대한 노론 관료와 왕이 타협한 대안이 바로 제단이었다. 제단은 제향 때만 혼령이 강림하는 장소다.(정우진, 심우경, 「창덕궁 대보단의 공간구성과 단제 특성에 관한 고찰」, 『문화재』46권 1호, 국립문화재연구소, 2013)

그해 12월 21일 북한산 줄기가 창덕궁 안쪽으로 내려온 궁궐 북쪽 깊숙한 기슭에 제단이 설치됐다. 대보단은 제향 때만 혼령이 강림하는 '제단'이었다. 제단은 사방으로 계단 아홉 개를 냈다. 비밀리에 준공된 대보단은 사직단보다 한 척이 높았고 네 면 길이가 37척(약 11m)이었으며 바깥에 담을 쌓아 행인이 내려다보지 못하게 하였다.(1704년 12월 21일 『숙종실록』)

조선 정부는 현재 관보官報에 해당하는 신문 『조보朝報』에도 이 사실을 싣지 않았다. 담당 관청도 설치하지 않았다. 청나라로부터 숨기기 위한 조치였다. 그리하여 오랑캐 청나라 황제에게 조공을 바치고 왕 책봉을 받고 오랑캐 역법(정삭定朔)을 받들면서 국내에서는 그 현실을 부정하는 기이한 정치 체제가 완성됐다.(계승범, 『정지된 시간』)

확장된 대보단, 확장된 사대(事大)

1749년 영조 25년 만력제 신종을 모시던 대보단에 명 마지막 왕 의종 숭정제가 추가됐다. 이보다 10년 전 완성된 『명사』가 국내에 수입되면서 병자호란 때 의종이 원군을 보내려 한 사실이 밝혀졌다. 의종 또한 조선을 구하려 한 천자라는 것이다. 『승정원일기』에 따르면 영조는 "의종과 신종이 진실로 차이가 없으니 의종을 황단皇壇(대보단)에 나란히 제사한다면 천하에 다행스런 일이 될 것"이라는 상소를 받아들였다.(1749년 3월 1일 『승정원일기』; 이욱, 「조선후기 전쟁의 기억과 대보단 제향」, 『종교연구』 42권, 한국종교문화연구소, 2006, 재인용) 그뿐만이 아니었다.

관료 상소를 수용하는 형식으로 의종을 모신 영조는 12일 뒤 명 태조 홍무제 또한 모셔야 한다고 주장했다. 홍무제 주원장은 맹자와 주자를 천시하고 왕권을 강화한 군주였다. 조선 성리학자들이 폭군으로 일컫는 대표적인 왕이다.

―
가파른 계단 아홉 개 위에 명나라 황제 3명을 모신 대보단(〈동궐도〉 세부) [고려대박물관]

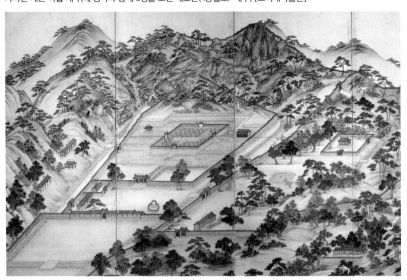

신하들이 벌떼처럼 반대하자 영조가 단호하게 말했다. "황조에 향화가 끊어졌기 때문에 세 황제를 우리가 모시려는 것이다(皇朝香火已絶 故壇祀三皇·황조향화이절 고단사삼황)." 중원 문화가 오랑캐에 의해 파괴됐으니 이를 조선이 계승한다는 선언이었고(이욱, 앞 논문), 동시에 기어오르는 노론 관료들을 기선 제압하겠다는 협박이었다. 이날, 1749년 3월 23일 조선은 오랑캐에 억눌리던 나라에서 정신적인 명나라 계승국으로 지위가 격상됐다. 영조의 왕권은 절대적으로 강화됐다.

3년 뒤 영조는 임금 존호尊號를 하나 더 만들자는 관료들 상소를 거부했다. 거듭된 상소에 영조는 새벽 1시 갑자기 '세 황제께서 내 마음을 아시리' 하며 (대보단 아래) 판석에 엎드려 일어나지 않았다.(1752년 2월 27일『영조실록』) 새벽 4시까지 이어진 노천 시위는 대비마마가 두 번씩이나 만류해 겨우 끝났다. 홍무제 제삿날에도 제사를 지냈고(1753년 5월 10일『영조실록』) 기우제를 지내고 비가 내리자 이를 '홍무제가 내리는 비'라고 찬양하고(1753년 5월 11일『영조실록』) 낮 동안 수많은 죄인을 심문한 뒤 새벽 5시에 대보단을 향해 제사를 지냈다.(1756년 12월 25일『영조실록』)

'개혁군주' 정조, 그리고 대보단

중화를 계승한 영조가 죽었다. 손자 정조가 즉위했다. 정조 즉위 후 일곱 달이 지난 1776년 10월 27일 청나라로 떠났던 사신이 칙서를 들고 돌아왔다. "특별히 주청奏請을 허락하여 조선 국왕을 이어받게 한다."(1776년 10월 27일 『정조실록』) 새 왕 즉위를 허락한다는 뜻이었다. 그렇게 오랑캐 황제 건륭제 칙서를 받고서야 정조는 정식 조선 왕이 되었다. 세상은 바뀌지 않았다.

정조는 "명나라 은총으로 명장名將이 된 이순신에게 영의정을 추증하고" (1793년 7월 21일『정조실록』) 대보단 제사에 참석하지 않은 충신과 관리들을 모두 잡아다 처치하라고 명했다.(1794년 3월 19일『정조실록』) 그리고 1796년 3월 3일 대보단 정례 춘계 제사 때 정약용과 주고받은 시가 맨 앞에 나온 '우리 동방만 희생과 술의 제향을 드리는구나'였다.

세상은 그러하였다. 조선 정치 엘리트 집단을 집단 감염시켰던 사대는 정조를 넘어 실용주의자 정약용 그리고 그 이후까지 오래도록 퇴치되지 않았다.

대보단 철거와 2018년

1876년 개항, 1882년 임오군란, 1884년 갑신정변에 이어 1894년은 동학혁명, 청일전쟁이 잇달아 터진 대혼란의 시대였다. 바로 그해 5월 홍무제 제삿날을 마지막으로 대보단 제사는 끝났다. 3년 뒤 조선은 원구단圜丘壇을 세우고 황제가 직접 하늘에 제사를 지내는 대한제국으로 이름을 바꿨다.

그리고 1910년 나라가 망하고 식민의 시대가 왔다. 대보단은 '어떠한 이유나 설명도 없이, 기록도 없이 부지불식간에 사라져버렸다. 총독부가 작성한 창덕궁 지도로 추정하면 1911년부터 1921년 사이 알 수 없는 시기에 대보단은 철거됐다.'(정우진, 심우경, 앞 논문)

대신 그 자리에 언젠가부터 다래나무가 자란다. 옛 담장 석물 사이에 뿌리내린 다래나무는 한 그루가 숲처럼 자라나 지금 천연기념물 251호가 되었다.

한때 창덕궁 후원이 완전히 개방됐을 때 만든 안내판에는 '천연기념물 다래나무 서식지'라고 소개돼 있었다. 지금 그 서식지에는 대보단 옛 흔적이 산산이 흩어져 있다. 옛 석물은 계단으로 솟아 있다. 있어야 할 석물은 간 곳 없

다. 대보단 터는 비공개지역이다. 흔적이 사라지고 기억이 사라진다. 그렇다
고 역사가 사라지겠는가. 땅의역사

대보단터 입구에 서 있는 '천연기념물 다래나무 서식지' 안내석

08 | 더러운 오랑캐 쌀을 먹느니 굶어 죽겠다

1698년 대기근과 청 강희제의 곡식 원조

충남 부여 부소산성에서 백마강 건너 작은 산이 있다. 물에 떠내려온 산이라 해서 '부산浮山'이다. 부산에는 대재각이라는 정자가 있다. 클 대大에 감탄을 뜻하는 어조사 재哉에 집 각閣이다. 전殿에 이어 궁궐에서 두 번째 큰 건물을 '각'이라 하는데, 이 작은 집 이름이 대재각이다.

안에는 큰 바위가 하나 있고 바위에는 이렇게 새겨져 있다. '至痛在心 日暮途遠·지통재심 일모도원'. '(병자호란의 치욕에) 너무나도 마음이 아프지만 해는 저물고 갈 길은 멀구나.' 1650년 12월 30일 영의정 이경여가 올린 사직 상소에 효종이 내린 답이다.

효종은 병자호란의 복수심에 불타고 있었다. 이경여는 병자호란 이후 청나라 연호 '숭덕'을 쓰지 않던 강경파였다. 이를 고깝게 본 청 황실은 조선 정부에 "이경여를 시골로 보내라"고 압력을 넣은 터였다. 효종은 사표를 받으며 '해는 저물고 갈 길은 멀다'고 안타까워했다.

충남 부여 백마강변 부산(浮山) 기슭의 큰 바위에는 '至痛在心 日暮途遠(극심한 아픔이 마음속에 있는데, 날은 저물고 갈 길은 멀다)'고 새겨져 있다. 1650년 효종이 영의정 이경여에게 내린 말이다.

'일모도원'에는 이중적인 뜻이 있다.

중국 초나라 오자서는 초평왕에게 복수를 벼르다 초를 멸망시켰다. 그리고 평왕 무덤을 파헤쳐 시신을 채찍으로 300번 내려쳤다. 잔인하다는 지적에 그가 답했다. "해는 지고 갈 길은 멀어 도리를 어길 수밖에 없었다"라고.(『사기』, 「오자서 열전」)

그래서 효종이 말한 '일모도원'은 '계책이 궁하고 힘이 모자란다'는 뜻도 있고, 오자서처럼 '무슨 수를 쓰더라도 꼭 이루고야 말겠다'는 뜻도 숨어 있다. 하여 효종은 "장차 큰 냇물을 건너려 하는데 배와 노를 잃었노라(將涉大川 失

其舟楫·장섭대천 실기주즙)"고 탄식했다.(1650년 12월 30일『효종실록』)

훗날 송시열이 위 여덟 자를 크게 써서 이경여 문중에 주었다. 여덟 글자 가운데 '너무나도' 혹은 '지극히'를 뜻하는 '지至' 자가 가장 컸다. 또 훗날 이경여의 손자 이이명이 고향 부여 바위에 이를 새기고 비각을 지었다. 임금 말씀을 모신 곳이라 해서 '큰 말씀을 모신 각閣'이라 했다. 1700년이었다.

이 '1700년'을 기억해둔다. 때는 전 지구적으로 극심한 가뭄을 겪는 소빙기小氷期 한가운데였다. 조선은 굶주린 사람들이 '살아 있는 사람 고기를 먹고 죽은 사람 옷을 벗겨서 입는(啖生人之肉 剝死屍之衣·담생인지육 박사시지의)' 대참극의 시대였다.(1697년 2월 10일『숙종실록』)

17세기 조선을 침몰시킨 대기근

임진왜란 이후 조선은 극심한 기근에 시달렸다. 임진왜란 와중인 1593~1594년 계갑대기근부터 정묘호란 전후 병정대기근(1626~1629년), 1670년과 1671년의 경신대기근은 모두 '대(大)'가 붙는 초대형 참화였다. 그리고 1695년 2년 연속 또 대기근이 덮쳤다. 을해년과 병자년을 휩쓴 이 기근은 '을병대기근'이다.(김문기, 「강희제의 해운진제와 조선의 반응」(이하 「강희제」), 『역사학연구』53, 호남사학회, 2014)

임란 때는 '길에 쓰러져 죽은 시신은 붙어 있는 살점이 없고, 사람 고기를 먹으면서도 전혀 괴이하게 여기지 않는' 참극이 벌어졌다.(1594년 1월 17일『선조실록』) 정유재란이 끝나고 명나라 군사는 남은 쌀과 콩 12만 석을 조선에 넘기고 돌아갔다. 조선 정부는 "온 나라 신민과 함께 감격하고 더욱 자강하도록 계책을 도모하겠다"고 감사 자문을 보냈다.(1601년 4월 25일『선조실록』)

대재각(大哉閣)은 '임금의 큰 뜻을 모신 전각'이라는 뜻이다.

가뭄은 계속됐지만 명나라에 대한 '계책'과 '감사'는 계속됐다. 1622년 명나라 잔당 모문룡 집단이 조선 가도를 점령했다. 조선 정부는 이들의 군량미를 해마다 공급했다. 1626년 인조 4년에는 7월까지에만 14만 석이 넘었다.(김문기, 「17세기 중국과 조선의 기근과 국제적 곡물유통」(이하 「17세기」), 역사와 경계 85권, 경남사학회, 2012)

17세기 지구를 바꾼 소빙기

조선만이 아니었다. 17세기는 인류는 문명이 시작된 이후 가장 추운 시기를 경험했다.(조지형, 「17세기, 소빙기, 그리고 역사 추동력으로서의 인간」, 『이화사학연구』 43집, 이화여자대학교 이화사학연구소, 2011) 이를 사람들은 역사시대에 맞은 '소빙기'라고 부른다. 전 세계에 걸쳐 1940년대 이전 어떤 시기보다도 가장 많은 전쟁이 발생한 세기였다. 생존을 두고 인류 대 인류가 투쟁해야 하던 시대였다. 명나라는 1639~1642년 기황奇荒(기이한 가뭄)이라 부르는 기근을 넘지 못하고 청에 멸망했다. 일본에서는 간에이寬永대기근(1641~1643)으로 수만 명이 죽었다.(김문기, 「17세기」) 그 전쟁 가운데 명과 청의 전쟁이 있었고 조선과 청의 전쟁이 있었다. 모두 식량과 관련된 자원을 찾아 벌인 투쟁들이다.

1627년 정묘호란 직후 후금 태종 홍타이지는 "명나라 모문룡은 공짜로 쌀을 받았으나, 나는 기근을 당하여 돈을 주고 사겠다"며 국경 시장 개설을 강력하게 요구했다.(1627년 12월 22일 『인조실록』) 그리고 덧붙인 말은 의미심장했다. "만일 서로 구원하지 않으면 유감이 없을 수 없다."

청과 조선의 가뭄 대책

소현세자가 심양에 끌려가 있던 1641년 청나라 또한 기근에 시달리다 소현세자 일행에게 곡물 지급을 중단하고 "직접 농사를 지으라"고 요구했다. 1645년 청 황실은 조선에 구휼미 20만 석을 요구했다. 가뭄이 극심했던 조선은 이를 10만 석으로 깎아 북경과 심양으로 보냈다. 그해 청은 강남 곡창지대를 점령해 가뭄을 타개했다.(김문기, 「17세기」)

1695년 을해년 10월 8일 숙종이 말했다. "올해 기근이 거의 경술, 신해년보다 심하다."(1695년 10월 8일 『숙종실록』) '경신대기근'은 1670~1671년 현종 때 벌어진 기근이다. 한여름에 눈과 서리가 내리고 기근과 전염병으로 죽은 자가 100만이었다. 1671년 6월 형조판서 서필원이 청에 곡식을 달라(請穀·청곡)고 제안했다. 남인인 영의정 허적은 인조 때 10만 석 강제 지원을 들어 반대했다. 1675년 숙종 1년 남인 윤휴가 다시 청곡을 제안했다. 이번에도 허적이 반대했다. "청나라 은혜는 받지 않으려고 하기 때문이다(不欲受恩於淸也·불욕수은어청야)." 제안은 또 무산됐다.(1675년 7월 27일『숙종실록』)

을병대기근과 숙종의 결단

"사람이 서로 잡아먹는(人相食·인상식) 변이 각 고을로 번지니 사방을 둘러봐도 살아날 방도가 없다."(1699년 8월 16일『승정원일기』) 임진왜란 이후 100년 만에 들이닥친 국가적 파멸 정국이었다.(김문기,「17세기」) 1693년에서 1699년 사이에 인구가 141만 명 넘게 줄어든 파멸이었다. 1696년 마침내 노론인 부제학 이유가 "도저히 해결할 방법이 없다"며 청나라에 청곡을 다시 제안했다. 세상은 이제 '아비가 자식을 죽이고 사람이 사람을 잡아먹으며 용과 뱀처럼 악독해진' 지옥이었다.(1697년 4월 22일『숙종실록』)

그해 5월 대사간 박태순이 국경 시장에서 교역으로 쌀을 들여오자고 제안했다. 9월 청나라에 출장 갔던 주청사인 우의정 최석정이 돌아왔다. 숙종은 최석정의 보고에 따라 거래가 됐든 원조가 됐든 무조건 청곡 사신을 보내라고 명했다.(1697년 9월 21일『숙종실록』)

청나라 강희제의 구휼미

보고를 받은 강희제는 곧바로 원조를 결정했다. '백성이 살 방도가 없다니 측은하다. 그 나라 왕이 청하는 바에 따라 무역을 할 수 있게 하라.'(1698년 1월 3일『성조인황제실록』)

이에 따라 청은 시중에서 구매한 쌀 4만 석과 사미賜米(황제 하사미) 1만 석을 배와 수레에 실어 조선으로 보냈다. 쌀은 그달 말 2만 석을 시작으로 4월

26일까지 모두 조선으로 들어왔다. 청나라 이부시랑 도대陶垈가 배 110척에 신고 온 3만 석을 우의정 최석정이 맞이했다. 그해 7월 강희제는 「해운진제조선기海運賑濟朝鮮記」를 지어 자기 치적을 과시했다. 글에는 이렇게 적혀 있었다. '조선 국왕 이돈이 간구해 그 청을 바로 윤허해주었다.'(1698년 7월 10일『성조인황제실록』)

청 황제 강희제는 조선에 구휼미 5만 석을 제공하고, 이를 기념하는 「해운진제조선기」를 직접 지었다. '바다로 (쌀을) 운반해 조선을 구제한 기록'이라는 뜻이다(오른쪽).(1698년 7월 10일 『성조인황제실록』) 반면 조선 사헌부 집의 정호는 "쓸데없는 다 썩은 쌀(無用之紅腐)"이라 했다(왼쪽).(1698년 4월 29일『숙종실록』)

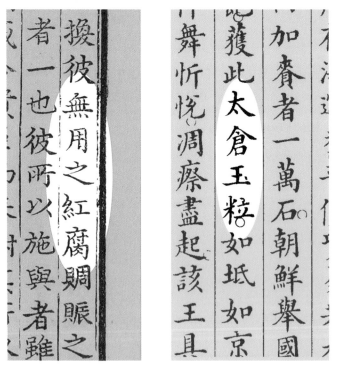

춘추대의에 반한 구걸

　문제는 이제부터였다. 청나라에 구휼미를 요청한 그해는 1697년 정축년이었다. 바로 병자호란 끝에 삼전도에서 굴욕적으로 항복한 1637년 정축년으로부터 1주갑이 된 해였다. 노론 강경파들이 곧바로 들고일어났다.

　원조 완료 다음 달인 1698년 5월 이조 참의 김성적이 숙종에게 상소했다. "(쌀을 사는 데 은화를 탕진해) 재물을 소모하고 나라를 병들게 했다." 게다가 청나라 이부시랑 도대가 가져온 문서에는 '황제가 베푸는 비상한 은혜'라 적혀 있었고 숙종에게 자신을 '권제眷弟(동년배에 대한 겸양어)'로 소개하고 있었다. 이는 '동해물을 기울여도 씻을 수 없는 수치'였다.(1698년 5월 5일 『숙종실록』)

　이들은 구휼미를 호미胡米 노미虜米라 부르며 경멸했다. 나주목사 유명건은 '오랑캐 쌀을 치욕으로 여겨 분배 목록에서 스스로를 빼버리고 남들처럼 구걸하지 않았다(公恥之自拔戶名未嘗從人求乞·공치지자발호명미상종인구걸).' (박필주, 『여호선생문집』 권30, 「나주목사 유공 행장」)

　그럼에도 불구하고 유무상 원조미 5만 석으로 조선의 참화는 잠시나마 안정됐고, 사대부와 상민 할 것 없이 '명을 할아버지로, 청을 아버지로 부르며 아무 괴로움 없이 서로 다퉈 받아먹었다(無不甘心爭食·무불감심쟁식).'(김간, 『후재선생별집』 권2, 「잡록」) "굶주린 백성이 전부 살아난다면 이게 바로 의리" (오도일, 『서파집』 13, '사직겸진소회소')라는 반박도 있었지만 노론은 강경했고, 집요했고, 끈질겼다.(김문기, 「강희제」)

　사헌부 집의 정호는 '쓸데없이 다 썩은 쌀과 은을 바꿨고', '1만 석은 무상이니 후일이 두렵고', '무엇보다 춘추대의에 어긋나는 일'이라며 청곡을 맹비난했다.(1698년 4월 29일 『숙종실록』) '춘추대의' 운운은 1675년 윤휴에게 '청나라 은혜 불가'를 외친 허적의 주장과 똑같다.

정치논리로 점철된 구휼 이후

숙종의 강력한 의지로 노론의 비난은 잠잠해졌다. 하지만 노론은 이 모든 치욕의 주모자를 반드시 처벌하라고 요구했다. 오랑캐 간부로부터 썩은 쌀을 인수한 실무자, 최석정을 파직하라는 것이다.

그해 5월 28일 사헌부와 사간원은 '사리와 체면을 잃고 훼손시킨 최석정을 파직하라'고 청했다. 8월까지 이어진 파직 요청에 숙종은 최석정을 우의정에서 해임시켰다.(1698년 7월 20일 『숙종실록』)

그러다 1700년 이경여의 손자 이이명이 고향 부여에 송시열 글씨를 받은 각석을 세웠다. 요지는 '언젠가 반드시 복수하리라'였다. 명나라가 망하고 60년이 지나 1704년 노론은 화양동에 만동묘를 세웠다. 이듬해 숙종이 "황제 제사는 왕만 올릴 수 있다"며 창덕궁에 대보단을 세웠다.

이듬해 노론이 또 시비를 걸었다. "최석정은 제사에 참가할 수 없다"는 것이다.

도대체 최석정이 누구인가. 바로 병자호란 때 화친을 주도한 최명길의 손자다.

유생 송무원이 숙종에게 상소를 올렸다. "그 집안 내림으로 오랑캐에 영합하고 명에 배반한다. 지난번 오랑캐한테 곡식을 구걸한 일은 물론 오랑캐 사신에게 오만한 문서도 받았다. 화의를 주장한 사람의 손자로서 스스로 나라를 욕되게 한 죄인이다."(1706년 3월 3일 『숙종실록』) 이번에는 숙종이 받아

부여 부산 기슭에 있는 '대재각'

들이지 않았다. 대신 송무원에게 유배형을 내렸다. 송무원은 송시열의 손자다. 9개월 뒤 송무원은 사면됐다. 숙종에게 사면을 청해 받아낸 사람은 그 할아버지 송시열 글씨를 받아 대재각을 세운 이이명이었다.(1706년 12월 25일 『숙종실록』) 세상은 구휼이 아니라 정치였다. 땅의 역사

4장

진실 - 영정조 흑역사

텅 빈 시대가 있었느니라

창덕궁 인정전

01 | 판결 따위 필요 없다,
모조리 죽여라

무법천하 막장정치 영조·노론 연합정권

스웨덴 기자가 목격한 주리틀기

1904년 러일전쟁 취재를 위해 조선에 입국한 스웨덴 기자 아손 그렙스트는 통역가 윤산갈과 함께 한성 감옥을 찾았다. 해가 바뀐 1905년 정초였다. 한 죄수 처벌을 참관했는데, 미리 설명을 들은 통역가 윤씨는 "하느님, 이건 너무 잔인…" 하면서 달아나버렸다. 혼자 처벌 장면을 본 그렙스트는 "윤산갈이 너무 부러웠다"고 했다. 형 집행은 이리되었다.

'집행인들이 죄수 안다리에 막대를 집어넣고 온몸 무게를 막대 끝에 얹었다. 다리뼈가 부러져 으깨지는 소리가 들렸다. 아픔을 표현할 소리가 없는 듯 죄수의 처절한 비명이 멎었다. 죄수 눈은 흰자위만 남았고 이마에서는 식은땀이 비 오듯 흘러내리더니 몸이 축 늘어지면서 쓰러졌다. 집행인들이 난폭하게 뼈가 부러졌나 확인해도 느끼지 못했다. 죄수가 의식을 회복해 고개를 좌우로 흔들면서 신음소리를 토하자 집행인들은 팔과 갈비뼈 사이에 막대기를 집

WHIPING PRISONER　　刑　笞　（俗風鮮（明）

19세기 말~20세기 초 한성 태형 장면. 조선은 죄가 확정된 기결수는 물론 미결수에게도 형을 가하는 고문이 적법
했다. [미 라파예트 컬리지 컬렉션]

어넣어 뼈들을 차례로 부러뜨린 다음 비단끈으로 목을 졸라 죽였다.'(아손 그
렙스트,『스웨덴기자 아손, 100년 전 한국을 걷다』, 책과함께, 2005, p286)

　　때는 20세기요, 장소는 대한제국 황도皇都 한복판에서 사형수 하나가 전신
골절상을 입고 처형된 것이다. 이제 전근대사회라면 지구상 어디든 존재했던
잔인한 형벌, 그리고 특히나 조선에서 망국 때까지 벌어졌던 무법천지 막장
형벌제도에 대하여 알아보도록 하자.

회초리에서 토막 처형까지 - 형벌

　조선이 택한 형벌은 태장도유사 5형이다. 태笞는 싸리 회초리, 장杖은 큰 가시나무 막대기로 볼기를 치는 형이다. 도徒는 장형과 징역을 겸하고 유流는 장형과 함께 원악지로 쫓는 형이다. 사死는 사형이다. 목을 졸라 죽이는 교형, 목을 잘라버리는 참형이 있다. 이 다섯 형은 대명률에 따른 형벌이다. 조선에서는 절도범 왼쪽 복사뼈 힘줄을 1촌 5푼 잘라내는 단근형斷筋刑도 세종 때 신설됐다.(1436년 10월 15일『세종실록』)

—
영조 때 포도청의 주리틀기를 금했지만 다른 관청에서는 조선 망국 때까지 시행됐다. 그림은 구한 말 화가 김준근이 그린 〈주리틀고〉 [숭실대학교 한국기독교박물관]

사형 중에는 산 사람 사지를 베어내고 마지막으로 목을 베 여섯 토막으로 만드는 능지처사형도 있었고 팔다리를 각각 수레에 묶어 찢어 죽이는 거열형 車裂刑도 있었다. 세조 때 사육신이 이 거열형으로 죽었다. 죽일 놈은 죽일 시기가 따로 있었는데, 극악무도한 범죄자를 빼고는 만물 쇠퇴기인 가을 시작점, 추분이 지나야 형을 집행하는 대시형待時刑과 언제든 바로 죽이는 부대시형不待時刑이 있었다. 그다음, 고문 이야기다.

머리 어깨 무릎 발까지 – 고문

조선 형법 체계는 자백에 의존했다. 재판은 피의자 자백을 받아야 끝이 났다. 그 자백에 근거해 판결문을 작성하는데, 이 판결문을 결안結案이라 했다. 자백을 받지 않으면 끝이 나지 않으니, 자백을 빼내기 위해 쓰인 도구가 고문이다. 형이야 한 번 받으면 그만이지만, 고문은 영혼을 파괴하는 수단이었다. 고문을 볼작시면-.

죄인 등을 마구 때리면 태배笞背요, 엄지발가락을 묶어놓고 발가락이 떨어져 나갈 때까지 온몸을 치면 난장亂杖이며, 여러 집행인이 붉은 몽둥이로 피의자를 에워싸고 집단 구타하면 주장당문朱杖撞問이다. 불로 달군 쇠붙이로 몸을 지지면 낙형烙刑이요, 피의자를 묶어놓고 무릎 위에 무거운 돌을 얹어 짓누르는 압슬형壓膝刑과 장대를 무릎 사이에 끼워 뼈를 부러뜨리는 전도주뢰형剪刀周牢刑, 일명 주리틀기가 있었다. 주리를 틀면 죽거나 죽지 않으면 걷지를 못해 종신토록 부모에게 제사를 올리지 못한다고 했다. (정약용, 『목민심서』, 「형전」, '신형愼刑(형벌을 신중히 할 것)')

그 고문이 하도 끔찍한지라 압슬형과 낙형과 주장당문과 난장은 영조 때 폐지되거나 금지됐다. 영조는 "주리틀기라는 고문이 있는 줄 몰랐다"며 주리도 금지했고(1732년 6월 20일 『영조실록』) 이듬해에는 인두로 지지는 낙형도 금지했다.

그런데 어느 왕 시절, 조태언이라는 사간원 사간이 임금 의중도 모르고 딴소리를 지껄였다. 분노한 왕이 명했다. "저놈을 삶아 죽일 터이니, 창덕궁 돈화문에 가마솥을 대기시키라." 이른바 팽형烹刑이다. 사람을 삶아버리는 이 전설 속 형벌을 가하겠다는 왕을 대신들이 극구 말린 덕분에 조태언은 산 채로 흑산도로 유배를 떠났다.

사간을 삶으려고 했던 그 왕이 5년 전 주리틀기를 몰랐다고 주장한 그 영조다.(1737년 8월 13일 『영조실록』) 이제 영조와 그때 여당이었던 노론이 벌인 무법천지 행형사를 읽어본다.

이인좌의 난과 낙형

영조가 즉위하고 4년 만에 충청도 출신 남인 이인좌가 난을 일으켰다. 소론 강경파와 남인이 선왕 경종이 암살당했고, 영조에게는 정통성이 없다고 주장하며 일으킨 무장 쿠데타다. 1728년 무신년 3월 15일 이인좌는 소현세자 후손인 밀풍군 이탄을 왕으로 추대하고 거병해 충청도 청주성을 함락했다. '무신란戊申亂'이라고 한다. 열흘도 안 돼 난은 진압되고, 그 주모자에 대한 수사가 시작됐다.

국문 과정에 영조가 직접 개입했다. 3월 25일 '역적 이사성에게 낙형烙刑으로 위세를 보이니' 이사성이 공초(자백)하였다. 이틀 뒤 이순관을 문초하며 낙형을 베푸니 이순관이 공초하였다. 4월 5일 박필몽이 자백을 거부하자 낙형

일제강점기 혹은 통감부 시대 촬영된 태형 장면. 마루 위에 일본인으로 추정되는 사람들이 보인다. [미 라파예트 컬리지 컬렉션]

스웨덴 기자 그렙스트가 촬영한 1905년 한성 주리틀기 장면 [호머 헐버트, 『The History of Korea』]

을 행하라 명하였다. 역시 입을 열지 않으니 의금부에서 압슬형을 청하자 허락하지 않고 다음 날 처형했다. 이듬해 7월 좌우 정승이 낙형이 불법이라고 건의했다. 영조는 "요망하고 악독한 자에게 아낄 형벌이 아니다"라고 버티다가 마뜩잖게 받아들였다.(1729년 7월 16일 『영조실록』)

또 1년이 지난 1730년 또 다른 역모 사건이 터졌다. 이 또한 영조가 친국을 했다. 3월 12일 이하방이라는 피의자를 친국했는데, '낙형을 가하자 범죄 사실을 사실대로 털어놓았다.' 또 4월 17일 최필웅이라는 연루자는 낙형으로 고문을 당한 뒤 사형당했다. 그때 영조가 이리 말했다. "이런 놈은 결안하여 정법할 것이 없으니 부대시능지처참不待時凌遲處斬하라." 현대어로 번역하면 이런 뜻이다. "판결을 선고받고 법대로 처리할 필요가 없으니 당장 여섯 토막으로 잘라 죽여라."

3년이 지난 1733년 남원에서 영조를 비방하는 대자보가 발견됐다. 영조가 연루자들을 또 친국했다. 그해 8월 7일 창덕궁 인정문 앞에 끌려 나온 김원팔이 자백이 미진했다. 영조는 낙형을 열두 번 가하라고 명했다. 김원팔은 연루자 이름을 줄줄이 댔으나 자기는 주모자가 아니라고 주장했다. 김원팔은 결국 다른 혐의로 처형됐다.

그리고 보름 뒤 뜸을 맞다 말고 영조가 "낙형을 금하라"고 명한 것이니, 몸을 인두로 지져 자백을 받아낼 역모 혐의자가 다 처형되고 난 다음이었다. 그날 영조는 뜸 100방을 맞다가 "뜸뜬 종기가 점차 견디기 어려움을 알게 되었다"며 고통스럽기 짝이 없는 낙형을 금하라고 한 것이다.(1733년 8월 22일 『영조실록』) 자기 아픔을 알기까지, 그리고 이인좌의 난에서 남원 대자보까지, 강경 소론과 남인들이 떼로 처형되고 정치권에서 사라졌다.

나주 대자보 사건과 무법천지

1755년 영조 31년 2월 나주에서 영조를 비방하는 대자보가 발견됐다. 이 사건을 처리한 뒤 5월에 실시된 토역討逆(역적 토벌) 기념 과거 시험에서 또 역모를 상징하는 답안지가 발견됐다. 이들은 모두 포도청과 추국청에서 조사와 함께 심한 고문을 받았다. 추국청 조사과정에는 영조가 직접 친국했다. 두 사건 연루자들은 대부분 소론과 남인들이었다.

나주 대자보 사건 연루자 69명은 포도청에서 많게는 100대 이상 장형杖刑을 당했다. 영조가 금한 주리를 두 번씩 틀린 사람도 있었다. 추국청으로 넘어간 뒤에는 일곱 차례에 걸쳐 140대 장형을 당한 사람도 있었다. 이 가운데 9명은 물고物故됐다. 고문 도중 죽었다는 뜻이다.

과거 시험 역모 사건 연루자는 모두 86명이었는데 이들은 포도청을 거치지 않고 곧바로 추국청에서 심문을 받았다. 열한 번에 걸쳐 330대까지 맞은 이도 있었다. 장형을 받던 도중 고문사한 사람이 속출했다.(조윤선, 「영조대 남형, 혹형 폐지 과정의 실태와 흠휼책에 대한 평가」, 『조선시대사학보』48집, 조선시대사학회, 2009)

그런데 문제는 이 두 역모 사건 수사 과정에 국왕과 수사관의 탈법과 무법이 판을 쳤다는 사실이다. 실록을 뒤져본다.

'망측하고 부도한 말을 한 죄인 이전을 남문 밖에서 사지를 찢어 효시하라.'(5월 16일) '역승逆僧 김창규가 "어서 빨리 죽이시오" 하니 임금이 효시하도록 명했다.'(5월 20일) '죄인 이세현은 역적 무리의 사냥개다. 다른 역적과 함께 결안을 기다리지 말고 속히 사형시켜라.'(5월 21일)

역모 답안지 작성자인 심정연이 과거 답안지 작성을 윤혜와 공모했다 하여

영조(1694~1776) [국립고궁박물관]

윤혜가 조사를 받았다. 혀를 깨물고 자백을 거부하는 윤혜를 영조는 주장당
문으로 고문했다. "급하게 조사하지 마시라"고 신하가 만류하자 영조는 갑옷
을 입고서 윤혜를 숭례문으로 끌고 갔다. 군악대에 취악을 울리라 명한 뒤 또
고문을 하자 윤혜가 자백했다. 영조는 참수를 명하고 대신들에게 일일이 구경
하라며 돌렸다. "왜 하급 관리가 할 일을" 하고 판부사 이종성이 만류하자 영
조는 이종성을 충주로 유배형을 내렸다. 잘린 목 운반이 늦은 훈련대장은 곤
장을 쳤다. 목은 깃대에 걸라 명했다. 그때 임금은 크게 노한데다가 또 아주

취해 있었다(上旣盛怒 且頗醉·상기성노 차파취).(1755년 5월 6일『영조실록』)

판결은 없었다. 법 적용 또한 없었다. 왕명이 법이었다. 노론 관료들은 이를 말리지 않고 오히려 "여러 역적은 물론 그 처자들도 연좌해서 처벌하라"고 왕에게 권했고, 왕은 이를 윤허하였다.(1755년 3월 7일『영조실록』) 28년 전 무신란 때 살려뒀던 밀풍군 이탄의 가족 또한 이참에 죽이라고 청했다. 영조는, "애써 윤허한다"고 답했다.(1755년 6월 4일『영조실록』)

결국 소론 강경파와 남인은 물론 주요 왕족도 살아남지 못했다. 그 과정에서 노론 대간들은 연좌제까지 들먹이며 영조의 행동을 방조했다. 영조와 노론은 정적들을 완전히 정리한 것이다.(조윤선, 「영조대 남형, 혹형 폐지 과정의 실태와 흠휼책에 대한 평가」)

영조의 위선

그리고 4년이 지났다. 탕평정치를 외쳤던 영조 주변은 노론으로 가득 채워졌다. 집권 내내 불안했던 권력은 이제 안정됐다. 1759년 8월 19일, 집권 35년째를 맞은 영조는 "결안(판결)을 기다리지 않고 처형하거나 목을 내거는 일, 왕명만으로 처형하는 일을 금한다"고 선언했다. 그리고 이렇게 덧붙였다. "내가 여러 흉적들을 처형함에 있어 결안을 받지 않음이 없었고, 결안을 받은 것 역시 일찍이 명백하지 않은 것이 없었노라."(1759년 8월 19일『영조실록』) 그리고 1770년 6월 18일 난장과 주장당문을 공식 금지했다. 그때 영조 나이 76세였고 권좌에 있은 지 45년째였으며, 모든 정적이 사라진 다음이었다. 땅의역사

02 | 금주령 어긴 자는 처형하고 자신은 술을 마셨다

개혁군주 영조의 '내로남불'

등극한 지 만 2년째 되던 서기 1726년 10월 13일, 조선 21대 왕 영조가 종묘에 행차했다. 선왕 경종 삼년상을 마치고 신위를 종묘에 모신 영조는 이날 오후 창덕궁 인정전에서 3대 국정지표를 발표했다.(1726년 10월 13일 『영조실록』) 좌의정 홍치중洪致中이 대신 읽은 국정지표는 세 가지였다.

첫째는 계붕당戒朋黨이다. 편 가르기 때려치우고 정치 똑바로 하라는 주문이다.

둘째는 계사치戒奢侈다. "금과 옥은 먹을 수도 입을 수도 없으니 신분고하를 막론하고 아끼라"고 했다.

마지막으로 계숭음戒崇飮이다. "술은 사람을 미치게 하는 광약狂藥이니 엄금한다"고 했다.

그리하여 이날부터 1776년 영조가 죽을 때까지 50년 동안 조선은 화합의 정치와 검소한 도덕적 삶과 주정뱅이 없는 세상이 됐다? 그럴 리가 없었다. 문제는 입으로 내뱉은 도덕률 뒤에 숨은 위선僞善이었다.

18세기 조선의 가난과 사치

　　임진왜란 이후 조선은 가난하게 살았다. 아시아 요업 산업을 선도했던 조선은 전쟁 때 일본군에 도공들을 집단으로 빼앗겼다. 농사지을 땅은 급감했고, 나라 재정도 엉망이었다. 한번 파괴된 기반시설은 회복이 느렸다.

　　세월이 흘러 숙종(재위 1674~1720)대가 되니 태평성대가 왔다. 민간 생산

1726년 창덕궁 인정전에서 영조가 발표한 3대 국정지표는 당쟁을 금하고 사치를 금하고 술을 금하여 나라를 바르게 하겠다는 선언이었다. 하지만 측근에게는 법은 적용되지 않았고 개혁군주 영조는 신하들과 수시로 술을 즐겼다.

이 서서히 늘고 이에 따라 상류층이 부의 상징으로 사치를 부릴 그 무렵, 영조가 등극한 것이다.

엄한 국정지표에 따라 부녀자들은 화려한 가체加髢가 금지되고 족두리를 써야 했다.(1756년 1월 16일『영조실록』) 금실로 수놓은 비단 또한 금지됐다. 민간에 화려한 그릇이 유행하자 영조는 값비싼 청화안료를 쓰는 청화백자 제작을 금지하고 질 떨어지는 철화백자만 생산하도록 명했다.(1754년 7월 17일『영조실록』) 사치금지법은 재위 내내 사회 전반에 시행됐다.

술 먹고 사형당한 관리

재위 7년째, 영조는 다시 한번 금주령을 강화했다. "왜 사대부 양반에게는 법을 적용하지 않고 상민과 천민에게만 집행하는가. 세력 있는 자는 적발하지 못하니, 근본을 버려두는구나."(1731년 6월 10일『영조실록』) 몸통은 놔두고 깃털만 건드리니, 언젠가는 혼쭐을 내겠다는 경고였다.

마침내 간 큰 고위 관리가 시범 사례로 적발됐다. 함경 남병사 윤구연이 술을 마시다 걸린 것이다. 정확하게 말하면, 윤구연 집에서 술 냄새가 나는 빈 항아리가 나왔다. 심문은 영조가 직접 했다. 장소는 서울 남대문이었다.(1762년 9월 17일『영조실록』) 궁을 떠나 남대문에 도착한 영조는 약방 제조가 바친 탕제를 마시고 문초를 시작했다.

"왜 술을 마셨나." 윤구연은 "술이 아니라 송골매 알을 담가뒀다"고 답했다. 영조는 "술 냄새 나는 매 알도 있나"라며 일단 곤장을 한 대 쳤다. 윤구연이 "이 몸의 첩과 첩의 어미와 종이 술을 담갔다"고 실토했다. 영조는 다시 곤장을 세 대 치고 이리 말했다. "너는 불효에 불충을 저지르고 군법까지 위반했다. 어찌 피하겠는가." 윤구연이 늘어놓는 장황한 변명을 끝까지 들은 영조는 "금주령을 어긴 죄인 목을 잘라 장대에 걸라"고 명했다.

사헌부 교리 강필리와 사간원 사간 여선응, 홍문관 지평 최청이 "목숨은 중하다"며 선처를 호소했다. 왕은 "너희가 군왕을 살인자라 부르는가"라며 세 사람을 파면했다. 영의정, 우의정, 좌의정이 또 처벌을 만류했다. 영조는 "법이란 내가 만드는 게 아니라 예로부터 만인에게 적용되는 것(法者 非予之法 卽古法·법자 비여지법 즉고법)"이라며 이들 또한 그 자리에서 파면했다. 그 사이 나발과 북소리가 울려 퍼졌고 윤구연은 목이 잘렸다. 영조는 윤구연 첩을 함경도 갑산 관비로 보내고 비변사에 있는 아들 윤범행과 칠곡부사인 형 윤경연 또한 파직시켰다.(1762년 9월 17일 『승정원일기』) 아무도 반항하지 못했다.

민생사범 단속령 – '여가탈입'의 금지

임진왜란 이후 한성 인구는 급격히 증가했다. 당연히 주택난도 심화됐다. 지방에서 벼슬자리를 얻어 상경한 관리들은 집이 없었다. 상경 관리들 가운데에 버르장머리 없고 포악한 사람들은 아무 여염집(여가閻家)에 들어가 집을 빼앗고 살았다. 주민을 채찍으로 때려 내쫓고 집을 빼앗기도 했다.(1615년 8월 2일 『광해군일기』) 이를 '여가탈입閻家奪入'이라 한다. 여염집을 빼앗아 들어간다는 뜻이다. 17세기 호적상 한성 인구 75%가 상민과 천민이었으니(이근호, 「17·18세기 여가탈입을 통해 본 한성부의 주택문제」, 『도시역사문화』 2호, 서울역사박물관, 2004) 백성 주거권과 재산권은 언제든지 25%인 양반에 의해 폭력적으로 박탈될 위기에 놓여 있었다. 영조 즉위 후에도 이런 불법은 여전했다.

영조는 즉위와 함께 여가탈입 금지를 특별히 지시했다.(1724년 11월 1일 『영조실록』) 하지만 민가를 빼앗은 관리는 2년 금고형, 일반 사대부는 과거 응시 자격 박탈 6년형이라는 형벌이 규정된 때는 재위 30년째인 1754년이었다.(1754년 7월 16일 『영조실록』) 하나둘 처벌로 없애기에는 여가탈입이 너무 많았다는 뜻이기도 했다.

영조 7년 사간원 정언 이성효가 "여가탈입 금지령을 정승 한 명이 어겼는데, 아무도 보고를 하지 않았다"며 "재조사를 통해 처벌해야 한다"고 보고했다. 이에 영조는 "승정원에서 조사해 의법 조치하라"고 명했다.

다음 날 금지령을 어긴 정승 정체가 밝혀졌다. 바로 5년 전 3대 국정지표를 대독한 당시 좌의정이자 현 영의정 홍치중이 아닌가.(1731년 7월 15일, 16일 『영조실록』)

개혁의 민낯 '내로남불'

왕이 말했다. "법 적용에 어찌 차별이 있을 수 있겠는가? 금령을 신칙하는 뜻은 폐지할 수가 없다. 관련자들을 노역형에 처한 뒤 유배시키라." 과연 엄한 개혁군주였다.

하지만 홍치중에 대해서는 그 처분이 달랐다. 영조가 말했다. "홍치중에게 선유宣諭하게 하여 대명待命하지 말도록 하라." '백성에게 임금 뜻을 알리게 하고 그로써 처벌을 면하게 한다'는 뜻이다. 구두 경고도 아닌, 스스로 반성문 한번 쓰게 하고 사건을 덮겠다는 의미다.

당사자는 물론 왕에게 경고를 해야 할 신하들도 선처를 부추겼다. 우승지

조명신은 "임금과 신하의 의리는 생각하지 않으십니까?" 하고 물었다. 홍치중은 "오해가 있었다"고 변명했다. 영조는 '온화한 비답을 내려 위로하고' 관련자들에게 내렸던 노역형과 유배형도 취소시켰다. (1731년 7월 16일 『영조실록』) 바로 한 달 전 "세력 있는 자는 적발하지 못하니, 근본을 버려두는구나"라고 내뱉었던 탄식은 간 곳 없었다. 개혁보다는 '군신 간 의리'가 먼저였다.

금주령의 위선

1755년 9월 영조는 "식혜를 '예주醴酒'라 하니 이 또한 술이다. 제사상에 술 대신 올리라"며 제수용 술을 금지했다. 대신 영조는 술 대신 송절차松節茶를 즐겼다. "고금古今에 어찌 송절차의 잔치가 있겠는가?"라며 금주를 실천하는 모습을 스스로 대견해할 정도였다. (1766년 8월 16일 『영조실록』)

그런데 이 송절차가 정체불명이었다. 차를 마시면 왕이 이상해지는 것이다. 이런 일이 있었다.

'홍건이라는 종9품 무관이 강론에 참석했다. 왕이 그에게 물었다. "정흉모丁胸矛라는 창을 아느냐." 홍건이 머뭇대자 영조는 병조판서에게 곤장을 치게 했다. 곤장을 거의 반쯤 쳤을 때에도 묵묵부답이었다. 영조가 성난 목소리로 말했다. "요상한 놈이다. 내가 직접 심문해 혼내주겠다." 옆에 모시던 사람들이 새파랗게 질렸다. 홍건이 천천히 아뢰었다. "성상 말씀이 평소 알고 있던 것과 달라 즉시 대답하지 못했나이다." 의외로 홍건은 정흉모라는 무기에 대해 해박하게 답했다. 영조는 급히 그를 서천현감에 임용했다.'(성대중, 『청성잡기』 4, 「성언醒言」, '초관 홍건의 기개와 영조')

말단 무관에게 화를 내고 평소와 달리 행동하더니 종9품 말직을 종6품 현

감으로 즉석에서 인사 조치하는 기행. 그 비정상적인 행동에 대해 '청성잡기'
에는 '영조가 마침 송절차를 마신 터라 약간 취한 채 말하였다'라고 적혀 있다.
취한 채? 마시고 취하는 차 봤나? 술이다.

신하들에게 송절차를 권하며 "취해서 쓰러지더라도 허물 삼지 않겠다"고
한 사람도 영조였고(1769년 2월 26일『영조실록』), "전에는 탁했으나 지금은
맑고, 물을 많이 섞으니 담백하다"고 한 사람도 영조였다.(1769년 6월 12일
『승정원일기』) "법은 만인에게 적용되는 것"이라고 서릿발처럼 선언한 사람도,
개혁군주 영조였다. 만인 속에 본인은 없었다.

윤구연 처형되던 날 죽다 산 사내

훗날 다산 정약용은 윤구연을 처형하던 날『영조실록』과『승정원일기』에
누락된 사실 하나를 자기 문집에 기록해놓았다. '임금께서 숭례문에 납시어
윤구연 머리를 베어 도성 사람들에게 보이고 좌우를 돌아보며 말했다. "술 마
신 자가 있거든 바로 고하라. 저와 같이 죽일 것이다." 그때 대장 이주국이 임
금을 호위하고 있었는데 앞으로 나와 엎드려 말하기를 "소신은 얼마 전 술 한
잔을 마셨으니 감히 숨기지 못하나이다"라고 하였다. 임금께서는 좌우를 둘
러보며 다른 말을 하셨다(上顧左右而言他·상고좌우이언타). 그 자리에 있
던 여러 신하가 다리를 덜덜 떨었다(群臣在班者爲之股栗·군신재반자위지고
률).'(정약용,『여유당전서보유』,「혼돈록餛飩錄」3, '이대장李大將')

술을 먹었다고 자수한 사람이 하필이면 자기가 아끼던 무관이었다. 이에
왕은 못 들은 척하고 딴청을 피웠다는 기록이다. 신하들은 그 위선 앞에서 아
무 말 못 하고 떨 뿐이었다.

이 많은 에피소드를 정리하면 이렇다. '집은 고관대작에게 빼앗기고 장식은 사치라 금지됐으며 술은 목숨 걸고 마셔야 하고 고급 그릇을 쓰면 비난받던 시대'.

"우리는 즐긴다"

1776년 개혁군주가 죽었다. 이듬해 열네 번째 딸 화유옹주가 죽었다. 1992년 경기도 부천 옹주와 남편 황인점 합장묘에서 옥비녀, 그릇 따위 화려한 부장품 30여 점이 쏟아졌다. 모두 생전에 사용하던 물건들이었다. 그릇도 10여 점이 나왔다. 이 가운데 황채장미문병黃彩薔薇紋瓶과 녹유리장경각병綠琉璃長頸角瓶은 청나라 수입품이었다. 꽃병들이 이리 말한다. '저들은 처벌하고, 우리는 즐긴다.' [땅의 역사]

화유옹주 묘 부장품. 청나라에서 수입한 황채장미문병(黃彩薔薇紋瓶)이다. 조선은 당시 수입은 물론 고급 자기 생산도 금지된 나라였다. [국립고궁박물관]

03 | 100년 국정 공백이
정실 인사에서 비롯되었다

정조의 인사 실패와 세도정치

경기도 이천시 백사면 내촌마을 '김좌근 고택'. 김좌근은 19세기 안동 김씨 세도정치 문을 연 김조순의 아들이다. 정조의 측근인 김조순은 순조 장인이 된 뒤 세도정치의 문을 열었다.

경기도 이천 백사면 내촌마을에는 고택古宅이 있다. 너른 마당에 잘생긴 집이 두 채 보이고 그 앞으로 건물 사라진 주춧돌들이 도열해 있다. 고택 이름은 '김좌근 고택'이다. 김좌근. 순조 때 시작해 대원군에 의해 종식된 세도정치勢道政治 핵심 인물이다. 주소는 내촌리 222-14이다. 도로명 주소는 '청백리로 393번길 100-75'이다.

정조 사후 시작한 세도정치 시대는 조선왕조 국정의 공백기다. 바다에는 산업혁명으로 무장한 서양 이양선異樣船이 출몰하고 땅에는 민란이 폭발하던 때였다. 조선 정부는 그 국내외 위기에 둔감하고 무심했다. 외척에 의해 장악

당한 조선 정부의 관심사는 모순 해결보다는 권력 유지와 확장이었다.

　그 세도정치는 어떻게 시작했는가. 핵심 세도가는 김좌근이다. 김좌근은 김조순의 아들이다. 김조순은 순조 장인이다. 순조는 정조의 아들이다. 사돈에게 아들과 나라를 맡긴 사람은 정조다. 시작은, 탕평책을 버리고 정실 인사를 택한 정조였다.

옹고집 애연가의 죽음

　정조는 군사君師(군주요 스승)라 자칭할 정도로 뛰어난 학문과 논리로 관료들을 설득하던 군주였다. 스스로를 '만천명월주인옹(萬川明月主人翁·만 갈래 강을 비추는 밝은 달의 늙은 주인)'이라 불렀다.

　논리가 먹히지 않으면 고집으로 주장을 관철한 절대 권력자이기도 했다. 그 고집을 상징하는 물건은 담배였다. 정조는 애연가였다.

　1796년 규장각 학자들을 모아놓고 시험을 치렀다. 시제는 '남령초 책문'이었다. '유익한 식물로는 담배만 한 풀이 없다. 내 심신 피로는 오로지 담배로 풀 수 있는데 사람들은 이를 금지하자고 한다. 너희들은 다방면으로 지식을 꺼내 차나 술보다 나은 이 약초의 효용을 증명하라.'(정조,『홍재전서』권52, 「책문」) 일찌감치 "기우제를 지낼 때도 금주는 할지언정 금연은 있을 수 없다"고 선언한 왕이었다.(1777년 5월 5일『정조실록』) 또 규장각 학자들을 모아놓고 시험을 치르는데, '승지에게 담배 한 대를 피우게 하여 시한을 정했다. 시를 지어 올리자 "담배 한 대 피우는 사이에 써냈구나" 하고 점수를 세 곱절로 내렸다.'(정약용,『다산시문집』1,「시詩」) 정약용이 써서 1등을 한 시 제목은 '태평만세 네 글자가 그 가운데 있다네(太平萬歲字當中·태평만세자당중)'였다.

훗날 몸져누운 정조 침실로 신하들이 찾아갔다. 정조가 물었다. "그대들이 입실한 지 얼마나 됐는가." 의관 이시수가 답했다. "담배 한 대 피울 만큼 시간이 지났습니다."(1800년 6월 26일 『정조실록』) 이틀 뒤 정조가 죽었다. 모든 것을 스스로 입안하고 해결하던 권력자가 죽었다. 정국이 요동쳤다.

실천 없는 '친인척 척결'

재위 13년째 가을, 정조가 말했다. "우리나라는 병란이 없기 때문에 전부터 편당의 명목을 만들어 서로 주륙을 해왔다."(1789년 10월 17일 『정조실록』) 당쟁을 전쟁만큼이나 해악이라고 본 왕이었다. 그래서 스스로 권력을 장악하고 선왕 영조를 이어 탕평책으로 각 당을 두루 임용해온 왕이었다.

1795년 윤2월 정조는 완공이 임박한 수원 화성으로 행차했다. 국가 산업인 농업은 생산성이 높아지고 학문은 나날이 수준이 높아져 가던 때였다. 3월 정조는 규장각 관리들과 왕실 친족을 불러 창덕궁 후원에서 잔치를 벌였다. 왕은 신하들 앞에서 1795년을 '천년에 한 번 있을까 말까 한 경사스러운 해 (曠千載一有之慶年·광천재일유지경년)'로 선포했다.

그리고 공무원 임용 기준을 공개적으로 제시했다. "등극 전부터 나는 어진 신하를 내 편으로 하고 친인척은 배척해야 한다고 생각했다. 그런데 '귀근 貴近(고위직에 있는 친인척)'들 폐단이 극에 달하고 있다. 특별히 경들을 불러 속마음을 보여주니, 두려운 마음을 갖고 경계하라."(1795년 3월 10일 『정조실록』)

정실을 배척하고 오로지 인재만을 등용하겠다는 이 인사원칙을 '우현좌척 右賢左戚' 원칙이라고 한다. 인재를 가까이하고(우현) 내외척을 멀리한다(좌척)

는 뜻이다. 공정한 인사를 약속한 왕에게, 학연이나 혈연 없이 실력으로 무장한 규장각 관료들은 크게 환호했다.

그런데 바로 다음 날 정조 암살 사건 연루자로 유배 중인 '정치달의 처妻'가 풀려났다는 소식이 조정에 전해졌다. '정치달의 처'는 사도세자의 동생이자 정조의 고모 화완옹주다. 화완옹주는 양자 정후겸이 정조 암살 기도 혐의로 처형된 뒤 같은 혐의로 파주에 유배 중이었다. 정조는 그런 대역죄인을 아무도 모르게 풀어주고 겉으로는 친척을 멀리하겠다고 선언한 것이다.

이를 따지며 법대로 하라는 대사헌, 대사간에게 정조가 이리 말했다. "선왕께서 사랑을 듬뿍 쏟으셨던 사람이다. 윤허하지 않는다." 여러 해를 넘기며 관료들이 극구 반대했으나 정조는 귀를 열지 않았다. 결국 정조는 4년 뒤 화완옹주를 사면해버렸다. 천년에 한 번 있던 경사스러운 해에 정조가 내걸었던 국정지표 우현좌척은 아무도 처다보지 않는 헌신짝이 돼버렸다.

"반성문 하나 잘 썼구나!"

1792년 10월 규장각 출신 정조의 친위 관료들이 '현대 청나라 문체'를 즐기다가 대거 적발됐다. 외교문서 작성관 남공철이 올린 문서에 정조가 혐오하는 '저질' 단어들이 인용된 것이다. 남공철은 직위해제됐다. 정조는 5년 전인 1787년 잡소설을 읽던 예문관 관원 김조순과 이상황을 떠올리며 이들에게도 반성문을 받으라고 명했다. 청나라 사신으로 막 압록강을 건너던 김조순이 서둘러 반성문을 써서 파발로 보냈다. 다음은 정조의 독후감이다.

"옹졸한 남공철이나 경박하게 듣기 좋게만 꾸민 이상황, 뻣뻣해 알기 어려운 심상규는 모두 억지 변명이지만 김조순은 문체가 바르고 우아해 밤 깊은

김조순(1765~1832)

줄 모르고 읽었다. 마음놓고 먼 길을 잘 다녀오라 이르라."(1792년 11월 8일
『정조실록』)

반성문 잘 써서 칭찬받은 김조순은 정조의 문체반정을 적극적으로 지지하
는 관료로 변신했다. 성균관 유생이던 이옥은 저질 단어를 혼용해 쓰다가 아
예 과거 급제가 취소되고 응시자격이 박탈됐고, 심지어 강제징집까지 당했다.
하지만 정조 입맛에 쏙 든 김조순은 이후 승승장구했다. 1785년 그가 과거에
붙었을 때 정조는 병자호란 때 척화파 김상헌의 후손이라 칭찬하며 본명 '낙
순'을 '조순'으로 직접 개명시켜준 김조순이었다.

어디까지 승승장구했는가.

정조의 사돈이 된 것이다.

국왕의 장인이 된 안동 김씨

재위 24년째인 1800년 2월 26일 창경궁 행각인 집복헌에서 정조 세자 며느리를 고르는 첫 번째 간택이 거행됐다. 행 호군 김조순, 진사 서기수, 유학 박종만과 신집, 통덕랑 윤수만의 딸이 간택에 들었다.

세자빈 결정에는 세 차례 간택이 있어야 한다. 그런데 그날 처자들을 집으로 돌려보내며 정조는 김조순에게 따로 편지를 보냈다. "상하 모두 (그대 딸을 가리켜) 그런 처자는 처음 보았다고들 하였다. 하늘이 명하신 일이고 하늘에 계신 영령께서 주신 일이다. 경은 이제 나라의 원구元舅(장인)로서 앞으로 더욱 자중해야 할 것이다."(1800년 2월 26일 『정조실록』)

그런데 김조순이 정조와의 만남을 기록한 「영춘옥음기」에는 한 해 전 김조순이 정조에게 이렇게 말했다고 적혀 있다. "친인척도 사대부처럼 쓰면 어진 사대부가 될 수 있지만 사대부를 친인척처럼 쓰면 어진 사대부가 될 수 없다."(「영춘옥음기」: 김태희, 「김조순 집권의 정치사적 조명」, 『대동한문학』 43집, 대동한문학회, 2015, 재인용) 그리고 1800년 6월 정조는 다시 만난 김조순에게 세자를 위해 '세도世導'를 맡아달라고 부탁했다. '세도'는 세상을 다스리는 도리를 뜻한다. 김조순은 혼자 이렇게 생각했다. '당신께서 표방했던 우현좌척을 바꾸신다는 뜻인가.'(이경구, 「정조의 거울 김조순, 외척 세도를 열다」, 규장각한국학연구원)

이미 그해 4월 정조는 영의정 이병모에게 이렇게 말한 적이 있었다. "현인을 우선하고 친척을 멀리함으로써 어진 사대부를 친히 하려 했으나 도리어 수많은 폐단이 있었으니."(1800년 4월 15일 『정조실록』) 한 달 뒤 두 번째 간택 처녀에 김조순 딸이 다시 포함됐다.(1800년 윤4월 9일 『정조실록』)

세도정치와 정조와 안동 김씨

그리되었다. 김조순을 만난 직후 정조는 급서했다. '담배 한 대 피울 시간 동안' 의료진을 기다리게 할 정도로 잠에 빠져 있던 그날 이후 하루에도 수차례 수은 증기를 쐬는 독한 연훈방煙薰方 처방까지 했으나 차도가 없었다.

두 달 전 이뤄진 재간택에서 정조는 김조순에게 "아비라도 함부로 딸 방에 들지 말라"고 당부했었다. 하지만 갑작스런 죽음으로 최종 간택은 이뤄지지 않았다. 마지막 간택은 2년 뒤 이뤄졌고, 그 딸은 순조의 왕비로 책봉됐다. 1803년 어린 순조 뒤에서 수렴청정하던 정순왕후가 섭정을 거뒀다. 국구國舅 김조순은 정조 사후 권력을 장악했던 경주 김씨 세력을 숙청하고 안동 김씨를 대거 등용했다.

'도리로 세상을 다스리라'는 '世道·세도'는 가문의 힘으로 세상을 주무르는 '勢道·세도'로 변질됐다. 절대왕권을 휘둘렀던 정조와 달리, 순조는 장인에 절대적으로 의지했다. 안동 김씨 세도정치는 풍양 조씨로 이어져 이후 대원군이 집권할 때까지 계속됐다. 세상은 참으로 볼만했다.

"전하께서 침묵이 너무 지나쳐 사무 일체를 신하에게 일임하니 공사 구별이 저절로 권병(권력자)에게 돌아간다. 온 세상이 오직 이익에만 치닫고 있으니, 오로지 뇌물에서 말미암는다." 국정 농단을 지적하는 사간의 상소에 순조는 "구체적으로 누군지 밝히라"며 답을 내리지 않았다.(1819년 4월 8일 『순조실록』)

김조순은 '사람이 조심스럽고 넉넉하고 후덕했으나, 외람스럽게도 권세를 거머쥔 간신 흔적이 있었고'(황현, 『오하기문』) 아들 김좌근은 소실인 나합과 권력과 금력을 휘두르며 왕실과 나라를 뒤흔들었다. 순조, 헌종, 철종 3대로

김조순 묘에 있는 비각. 신도비 글은 철종이 지었다.

경기도 이천시 부발읍 가좌리 산56-27에 있는 김조순의 묘

이어진 세도의 시대는 온 세상이 급변하던 때였다. 그 시대가 텅 비었다.

경기도 이천에는 김좌근의 아들 김병기가 아비 묘막으로 지은 고택이 남아 있다. 큰 집들이 있던 자리는 연전에 후손들이 매각해 주춧돌만 남아 있다. 집과 농지는 서울대에 기증했으나 지금 텅 비어 있다. 입으로 능력 인사를 외치고 손으로는 정실 인사에 매진한 한 왕이 남긴 흔적이다. 딴지역사

5장
—

진실 - 시대의 갈림길

새 세상을 꿈꿨느니라

효창공원 삼의사묘

01 | 그의 죽음이
민중의 각성을 불렀다

기미년 그날 1
: 고종은 무엇을 했는가

왕을 보내던 날

1919년 1월 21일 오전 6시, 한 시대를 파란만장하게 만든 왕 고종이 죽었다. 두 달이 못 지난 3월 1일 장례가 치러졌다. 3월 3일 덕수궁에 있던 관은 동대문 옛 훈련원 터에서 일본 방식으로 예식을 치르고 홍릉으로 운구됐다. 장례는 조선식과 일본식을 섞어서 치러졌고, 고종은 황제릉으로 단장된 왕릉에 안장됐다. 사망 후 3년 동안 각종 의식이 연속적으로 이어지는 옛 조선식 장례와 달리 고종 국장은 단 한 번의 의식으로 압축됐다.(이욱, 「일제시기 고종의 국장과 일본예식」,『종교문화비평』34권 0호, 한국종교문화연구소, 2018)

옛 왕의 혼령이 궁궐을 떠나던 그날, 조선인들은 곡哭 대신 만세를 불렀다. 만장挽章 대신 태극기를 들었다. 파고다공원에 모인 시민들은 500년 조선을 지배했던 유림들에게 욕설을 퍼부었다. 독립선언 민족지도자 33명 명단에 유림은 한 명도 없었다. 사람들은 구체제 종언을 선언했고 일본에는 독립을 선

고종과 왕비 민씨가 잠든 경기도 남양주 왕릉이 아니라 황제릉이다. 그의 죽음은 조선인의 각성을 불러일으켜 두 달 뒤 3·1만세운동의 도화선이 됐다.

언했다.

　자기가 43년 동안 통치했던 나라가 사라졌다. 옛 왕은 그 사라진 나라에서 8년 7개월 동안 유령처럼 살다가 죽었다. 명나라 마지막 황제 의종처럼 목을 매 자살하지도 않았고, 나폴레옹 보나파르트처럼 끝없이 재기를 시도하지도 않았다. 조선 26대 국왕, 대한제국 초대 황제 고종은 일본 황실 왕족인 도쿠주노미야 이태왕德壽の宮 李太王으로 죽었다.

　1919년 그가 죽고 난 이후에도 이들 왕족과 그 직계 가족에게는 총독부로부터 해마다 거액의 세비歲費가 지급됐다. (p270 '기미년 그 날 3' 참조)

고종과 왕비 민씨가 잠든 홍릉. 봉분 자체는 소박하지만 그 아래 침도 주변은 황제릉답게 아주 화려하다.

무단정치와 가련한 옛 군주

고종은 1907년 8월 헤이그 밀사 사건으로 강제로 폐위되고 순종이 즉위했다. 3년 뒤 나라가 사라졌다. 총독부는 통감부 시절 제정된 보안법과 신문지법과 출판법으로 사상을 통제했다. 대한제국 시절 폐지되지 않은 태형笞刑을 활용해(1912년) 공포를 조장했다.(국사편찬위, 『한국독립운동사』, 「1910년대 조선총독부의 무단통치」) 조선인의 입과 손과 발을 묶은 그 시대를 사람들은 무단통치시대라고 부른다.

귀족 작위를 받고 활개 치는 옛 고관대작들을 보면서, 일반 대중에게 고종은 상징적인 힘이 됐다. 나라 팔아먹은 죄는 을사오적과 경술국적이 다 뒤집어썼고, 대중에게 고종은 매국노에게 권력을 강탈당한 가련한 군주로 각인됐다. 총독부는 그런 고종을 조선 대중으로부터 철저하게 차단했다.

망명을 권유한 근황파들

고종은 끝없이 궁궐 탈출을 시도해왔다. 1896년 2월 아관파천은 성공한 탈출이었다. 청일전쟁과 대한제국 선포기와 러일전쟁 전후로 고종은 영국, 프랑스, 미국 공관으로 망명을 타진했다가 거절당하곤 했다. 망국 직전에도 마찬가지였다.

1910년 6월 러시아에서 활동하던 근황파勤皇派가 고종의 연해주 망명계획을 상해 주재 러시아공관에 상담했다. (최덕규, 「러시아의 동아시아정책과 고종의 연해주 망명정부 구상」, 『서양사학연구』 25권, 한국서양문화사학회, 2011) 근황파는 고종을 구심점으로 45,000명의 연해주 한인사회에서 왕국 재건 계획을 세운 것이다. 그런데 러시아 문서에는 고종이 '내부에서 돕는 주요 인물로 당시 임시내각총리대신이던 박제순을 믿는다'고 적혀 있다. (최덕규, 앞 논문) 을사오적에 경술국적까지 겸한 친일 관료 박제순을 동지로 신뢰한다는 러시아 측 평가는 신뢰가 가지 않는다.

1918년 중국에서 활동하던 독립운동가 이회영이 또 한 번 고종 망명계획을 세웠다. 이회영은 덕수궁 관리 이교영李喬永을 통해 고종에게 망명의사를 타진해 승낙을 받았다. 민영달로부터 자금 5만 원을 받아 동생 이시영으로 하여금 북경에 행궁을 마련하는 단계까지 진전이 있었다.

그런데 갑자기 고종이 죽은 것이다. (이규창, 『운명의 여진』, 1992)

연해주든 북경이든, 계획을 세운 사람은 고종이 아닌 해외 운동가들이었다. 게다가 고종에게는 돈이 없었다. 고종이 대한제국 시절 궁내부와 내장원을 통해 조성한 막대한 비자금 가운데 일부가 상해 러시아-차이나은행에 예치돼 있었으나 이는 이미 통감부 시절 일본에 의해 인출된 뒤였다.(서영희,『대한제국 정치사 연구』, 서울대학교 출판부, 2003, p240) 비자금 조성 목적이 무엇이었든, 망명정부 운영자금이 제로인 상태에서 고종이 독립을 꿈꿨다는 주장은 믿기 어렵다.

급작스러운 고종의 죽음은 일제에 의한 독살설을 불러왔고, 이는 조선 민중의 저항으로 연결됐다. 게다가 1월 21일 당일 덕수궁 당직사관이 이완용이라는 사실이 알려지면서 감정은 더욱 악화됐다. 그런데『순종실록부록』과『덕수궁일기』에는 당일 특별당직이 친일파의 상징인 '이완용李完用'이 아니라 또 다른 친일파 '이완용李完鎔'으로 적혀 있다. 이 이완용 또한 자작 작위를 받은 친일 관리지만, '이완용李完用'으로 오인되며 독살설이 더더욱 증폭된 것이다. 독살설이 돌자 총독부는 제대로 된 검사 없이 고종 장례를 치러버렸고, 의문은 아직 풀리지 않았다.

『덕수궁일기』와 고종의 일상

그 세월 동안 고종은 덕수궁에 유폐돼 살았다. 1911년 2월 1일 총독부가 대한제국 궁내부를 대체한 '찬시실贊侍室'은 고종 비서 역할을 했다.

찬시실은 왕국 시대 승정원처럼 '일기日記'를 기록했다. 일기에는 1911년 2월 1일부터 고종 사망일인 1919년 1월 21일까지 고종의 일거수일투족이 분 단위, 시간 단위로 기록돼 있다.

1911년 2월 3일 일기를 본다. 고종은 오전 3시 30분 잠자리에 들어 오전 10시 30분 일어났다. 자기 직전 창덕궁에 전화해 취침 사실을 순종에게 알렸다. 오전 8시 선원전 관리인이 보고서를 가지고 입궁했다. 오전 9시 30분 어정에서 물을 길어오고 10분 뒤 의사가 죽을 가져왔다.

낮 12시 고종이 일어났다. 12시 10분 향귤차와 귤강차와 귀용탕과 한련차를 의사가 가져왔다. 10분 뒤 조선총독부 관보와 『매일신보』가 도착했다. 1시 15분 도쿄에 있는 아들 영친왕이 문안 전보를 보냈다. 3시 10분 점심식사를 했다. 여러 보고를 받고 오전 1시 의사가 진찰을 다녀가고 고종은 잠자리에 들었다.

고종이 어디에서 무엇을 몇 시 몇 분에 했는지 저절로 그려질 정도로 자세하다. 만 8년 동안 기록된 고종의 일상은 이날 한 일과 대동소이하다. 전화하고 보고받고 밥 먹고 검진받고 자고.

고종의 생활을 장악한 찬시들이 기록했기에, '일기'는 일제가 고종을 어떻게 통제하고 관리했는지에 대해서도 가장 정확한 사실을 보여준다.(신명호, 「덕수궁 찬시실 편찬의 일기 자료를 통해본 식민지 시대 고종의 일상」,『장서각』23집, 한국학중앙연구원, 2010)

그는 무엇을 했나

삼엄한 감시 속에서 늙은 군주는 이렇게 살았다. 1911년 7월 20일 실질적인 계비 황귀비 엄씨가 죽었다. 1896년 2월 아관파천을 주도하고 고종을 보좌했던 여걸이었다. 고종과 엄비는 아관에서 아들을 잉태해 이듬해 영친왕을 낳았다. 1912년 5월 25일 고종의 또 다른 후궁 복녕당 양씨가 딸을 낳았다.

엄비가 죽고 정확하게 10개월 뒤니, 양씨가 '승은'을 입은 날짜는 엄비의 장례 기간과 겹친다. 고종은 60세였고 양씨는 30세였다. '복녕당 아기씨'라 불리던 이 딸은 9년 뒤 '덕혜德惠'라는 이름을 얻었다.(이왕직, '왕족보자료王族譜資料') 복녕당 이후 고종은 광화당, 보현당, 삼축당이라는 당호를 가진 후궁을 두고 아들 둘을 더 얻었다. 고종은 후궁들과 어린아이들을 보는 낙으로 하루하루를 살았다.(신명호, 앞 논문)

물론 식민지 시대 고종의 비밀 활동을 종합적으로 파악하려면 다른 자료도 활용할 필요가 있다. 하지만 24시간을 면도칼로 자르듯 분 단위로 감시당하는 늙은 군주가 독립과 망명을 구체적으로 계획할 수 있었다면, 43년 통치 기간에 그가 보여준 권력욕과 탐욕과 무능함은 무엇이었나.

그 군주가 사라지고 세상이 바뀐 것이다. 군중 입에서 터져 나온 주장은 왕국의 부활이 아니었다. 옛 왕을 죽인 일본에 대한 저항이었고 새로운 세상에 대한 갈증이었다. 땅의역사

1911년 실질적인 계비 엄귀비 사망 직후 덕수궁 함녕전에서 찍은 고종과 영친왕 이은. 영친왕은 아관파천에서 환궁 후 8개월 뒤 태어났다(왼쪽). 고종의 막내딸 덕혜옹주를 낳은 후궁 복녕당 양씨. 덕혜옹주는 엄귀비가 죽고 열 달 뒤 태어났다(오른쪽). [국립고궁박물관]

02 | 그는 조선의
영원한 식민지화를 막았다

기미년 그 날 2
: 안중근은 무엇을 했는가

서울 원효로 효창공원의 안중근을 비롯한 독립투사 4인의 묘. 윤봉길, 이봉창, 백정기 의사는 유해가 묻혀 있지만, 시신을 찾지 못한 안중근은 1946년 가묘(假墓)를 세웠다.

모처럼 비가 내리던 1909년 7월 9일 대한제국 옛 황궁 덕수궁에서 옛 황제 고종이 손님들에게 시운詩韻을 던졌다. '사람 인人', '새로울 신新' 그리고 '봄 춘春'. 일본인 손님들이 쓴 첫 세 연은 아래와 같다.

단비가 처음 내려 만인을 적시고
함녕전 위로 이슬빛 새로우니
일본과 한국이 어찌 다르다 하리오
甘雨初來霑萬人·감우초래점만인
咸寧殿上露革新·함녕전상로혁신
扶桑槿域何論態·부상근역하론태

각 연을 쓴 사람은 순서대로 초대 조선 통감 이토 히로부미, 궁내대신 비서관 모리 오노리와 후임 통감 소네 아라스케다. 마지막 손님인 대한제국 내각 총리대신 이완용이 '춘' 자로 시를 완성했다.

두 땅이 한 집 되니 천하가 봄이로다
兩地一家天下春·양지일가천하춘

조선 통감 이토 히로부미가 일본 추밀원 의장으로 전임되며 인사 온 날이었다. 그때 나라는 1905년 2차 한일협약(을사조약)과 1907년 3차 한일협약(정미조약)에 의해 외교권은 물론 조세, 사법, 군사권까지 박탈당하고 껍데기만 남아 있었다. 네 사람이 쓴 시에는 그 황량한 세상에 대한 오만한 찬사가 가득하다. 일본인 기록에 따르면 고종은 이 시를 읽고서 '크게 기뻐하였다(大加嘉賞·대가가상).'(오다 쇼고, 『덕수궁사』, 1938)

그리고 석 달 뒤 대한의군 참모중장 안중근이 히로부미를 사살했다. 주권을 강탈한 원흉을 처단한 것이다. 그럼에도 불구하고 이듬해 조선은 사라져버렸고 주권 회복까지 자그마치 35년이 걸렸다. 과연 안중근이 한 행동은 무슨 의미일까.

결론부터 말하자면, 안중근이 있었기에 35년 만에라도 나라를 찾은 것이다. 안중근은 이토 히로부미가 계획한 '근대화를 통한 조선의 자발적 동화同化'를 무력으로 저지했다.

메이지유신과 정한론(征韓論)

19세기 말 조선 정부는 쇄국으로 일관했다. 그때 일본 집권층은 메이지유신을 통해 근대화에 박차를 가하고 있었다. 그리고 일본 근대화의 가장 큰 제물은 조선이었다. 일본 근대화의 아버지 요시다 쇼인은 '서구에 빼앗긴 국부國富 만회를 위해 조선을 복종시켜야 한다'고 주장했다.

1875년 운요호가 강화도를 포격했다. 이듬해 조선은 일본에 강제로 나라 문을 열었다. 6년 뒤 조선 엘리트들이 비밀리에 일본을 시찰하고 돌아왔다. 앞 109쪽에서도 언급했지만, 조사시찰단 가운데 어윤중이 이렇게 보고했다.

"이웃나라의 강함은 우리나라에는 복이 아니다(隣國之强 非我國之福也·인국지강 비아국지복야)."(어윤중, 「종정연표」, 『한국사료총서』 6집, 1881년 12월) 어윤중은 요시다의 정한征韓 논리를 꿰뚫어 보고 있었다. 역사는 어윤중 예측대로 굴러갔다.

'강한 이웃' 일본의 야심

메이지 정부 지도부는 조선을 두고 대립했다. 군부에서는 조선을 군사적으로 병탄하자고 주장했다. 문관들은 "군사력을 키울 때까지 유보하자"고 주장했다. 1873년 사이고 다카모리를 중심으로 한 군부가 권력투쟁에서 패배했다. 군사적 정한론은 땅속으로 기어들어 갔다. 문관 집단을 이끈 사람은 요시다 쇼인의 수제자이자 조슈번 고향 선후배인 이토 히로부미와 기도 다카요시였다. 두 사람은 1871년 이와쿠라 사절단의 멤버로 1년 10개월 동안 미국과 유럽을 시찰하며 서구와 절대적인 국력 차이를 목격했다. 이들은 군사 행동 일체를 유보하고 식산殖産과 체제 개혁에 집중했다.

그렇게 20년 넘도록 칼을 갈다가 휘두른 사건이 1894년 청일전쟁과 1904년 러일전쟁이었다. 1881년 어윤중이 고종에게 한 나머지 말은 이러했다. "우리가 부강의 방도를 행할 수 있으면 그들이 다른 뜻을 품지 못할 것이고 우리가 약하면 다른 일이 없다고 보장하기 어렵다." 고종과 지도부는 국부 창출과 군사력 증강이라는 최우선적 의무를 이행하지 않았다. 또 한 번 역사는 어윤중 예측대로 굴러갔다. 두 전쟁에서 대국大國을 꺾어버린 일본에 조선은 풍전등화였다.

히로부미의 정교한 정한론

요시다 쇼인의 직계 제자였던 히로부미는 온건파였다. 일본학계에서는 '온건파'라는 용어로 히로부미를 미화하곤 하지만, 본질적으로는 정반대다. 조선인의 반발 초래는 물론 막대한 재정이 소모되는 군사 행동 대신, 히로부미는 우회로를 택했다.

1906년 3월 2일 히로부미가 초대 조선 통감으로 부임했다. 통감부가 착수한 작업에는 일본군의 한국 주둔과 '조선 근대화'가 포함돼 있었다. 근대화 작업에는 산업, 도로, 교육 개선이 포함되어 있었다. 모두 당시 조선에 부족하거나 없는 분야였다.

그런데 '조선을 위한' 근대화 작업 비용은 100% 조선이 부담했다. 히로부미는 대한제국 정부와 일본흥업은행 사이에 1,000만 엔의 차관 계약을 맺도록 했다. 이자를 뺀 실수령액은 900만 엔이었고 50%인 500만 엔이 그해에 도입됐다. 대한제국 정부가 이미 일본은행과 정부에 발행한 국채 650만 엔을 합하면 빚이 1,150만 엔이었다. 1906년 560만 엔인 나라 세입(지조, 관세 등)의 두 배였다. 근대화를 이룰 산업은 농업에 한정됐고 교육은 아동을 위한 간이簡易 교육에 집중됐다.(이토 유키오, 『이토 히로부미』, 선인, 2014, p338, p343) 한마디로 자기 돈 한 푼 들이지 않고, 빚을 끌어와 조선의 근대화를 이룩해 일본에 조선을 종속시키겠다는 뜻이었다.

1907년 헤이그 밀사 사건 직후 히로부미는 당시 일본 중의원 오가와 헤이키치에게 이렇게 편지를 썼다. "너무 급하게 극단적인 처분을 하면 후에 (일본에) 불이익을 초래하지는 않겠는가."(이토 유키오, 『이토 히로부미』, p354) 고종을 강제로 퇴위시킨 뒤 히로부미는 일본 기자회견에서 "한국은 일본의 분가分家이니 본가가 분가를 수탈하는 일은 없다"고 말했다. 훗날 히로부미는 '분가' 대신 조선을 '일가一家'라고 불렀다.

1909년 1월 황제 순종을 호종해 조선 남북을 순행巡幸한 것도 같은 맥락이었다. 조선 근대화와 황제권 존중을 통해 조선 사회가 일본에 자발적인 친밀감을 갖도록 계획을 세운 것이다. 그 이면에는 국채로 경제적인 종속이, 황제

1905년 을사조약 직후 일본인 관료들과 기념촬영을 한 이토 히로부미(앞줄 가운데 코트 차림) [코넬대학교 희귀문서]

에 대한 강제 행위로 통치권의 박탈이 있었다. 가장 폭력적인 행위를 가장 온건한 미소로 포장해 실현해버린 것이다. 결국 히로부미는 대한제국의 외교와 내정권 일체를 빼앗고서 1909년 6월 통감에서 물러났다.

안중근은 무엇을 했나

바로 그 이토 히로부미를 대한국인大韓國人 안중근이 처단한 것이다. 망국에 임하여 다른 지식인들은 붓을 꺾고 자결을 하며 항의를 하는 사이, 안중근은 모순의 근본 원인을 총으로 저격한 것이다.

안중근은 황해도에서 의병 활동을 하다가 연해주로 넘어간 의병장이었다. 연해주에는 독립지사가 숱하게 많았다. 러시아에서 큰돈을 번 함경도 머슴집 아들 최재형은 안중근의 후원자였다. 이토 히로부미가 하얼빈에서 러시아 재무대신 고고프체프를 만난다는 소식에, 안중근은 거사를 결의했다. 최재형의 집 마당에서, 최재형이 구해준 권총으로 사격 연습을 하고, 최재형이 마련한 자금으로 하얼빈으로 가서, 이토 히로부미를 쏘고, 외쳤다. "코레아 우라(조선 만세)." 최재형은 일본군의 토벌 작전 때 노상에서 총살됐다.

자기 나라를 위해, 당대 권력가들이 방치했던 이웃나라를 희생시키던 이토 히로부미였다. 그 사내 심장을 향해 조선의 사내 안중근이 총을 쏘았다. 타협할 여지는 없었다. 그때 안중근이 히로부미를 처단하지 않았다면 이듬해 강제 병탄은 없었을지도 모른다. 이후 10년간 이어진 총독부 무단통치도 없었을지 모른다. 하지만 히로부미의 달콤한 사탕에 홀린 조선인은 기미년 만세는커녕 지금도 일본어로 생각하고 말하고 글을 쓰는 식민지에 살고 있지 않았을까.

히로부미가 죽고 일본에서는 군부가 권력을 잡았다. 조선은 즉시 강제로 병합됐다. 초대 조선총독에 육군대신을 겸한 데라우치 마사다케가 부임했다. 마사다케는 취임사에서 "함부로 망상을 다하여 정무 시행을 방해하는 자가 있으면 결단코 용서하지 않겠다"고 선언했다. 9년 뒤 조선은 1919년 만세운동으로 저항의 불을 댕겼다.

***

안중근은 1910년 2월 14일 사형선고를 받고 3월 26일 처형됐다. 유해는 찾지 못했다. 서울 효창공원에 가묘假墓가 있다. 안중근을 후원했던 최재형 또한 유해는 찾지 못했다. 그의 행적을 기록했던 손자 최발렌틴은 2020년 2월 14일 독일에서 사고를 당해 모스크바로 옮겨졌으나 사망했다. 모두 하늘로 갔다. 땅에는 그들이 만든 대한민국이 있다. 긴 여정이었다. 땅의역사

03 | 그물을 치기도 전에
물고기가 뛰어들었다

기미년 그 날 3
: 왕족들은 무엇을 했는가

1909년 2월 4일 창덕궁 인정전 앞에서 촬영한 '순종 황제 서북순행 기념사진'. 가운데에 순종이 앉아 있고 왼쪽에 통감 이토 히로부미가 보인다. 앞줄 왼쪽 끝부터 고희경(추정), 권중현(추정), 박제순, 송병준, 고영희, 임선준, 이완용, 이토 히로부미, 순종, 이재각, 민병석, 이재곤, 조중응, 김윤식, 이지용, 조민희, 고의성. 이토 히로부미가 주도한 순종의 전국 순행은 '황제권을 존중한다'는 유화적 이미지를 만드는 데 성공했다. 이듬해 7월 이완용은 비서인 이인직을 시켜 통감부 외사국장 고마쓰 미도리에게 병합을 제의했다. 고마쓰는 "그물을 치기도 전에 물고기가 먼저 뛰어들었다"고 회상했다. 한 달도 지나지 않아 나라가 사라졌다. 이씨 왕조의 종묘와 사직은 무사했다. [국립고궁박물관]

1910년 7월 23일 일본 육군대신 데라우치 마사다케가 3대 조선 통감으로 부임했다. 그리고 며칠 뒤 밤 10시, 대한제국 내각총리대신 이완용의 비서가 통감부 외사국장 고마쓰 미도리小松綠를 방문했다.

비서는 최초의 신소설『혈의 누淚』를 쓴 이인직이다. 그는 일본 체류 시절 고마쓰의 제자였다. 굳은 표정을 한 이인직이 옛 스승에게 은밀하게 말했다. "이천만 한인이 쓰러지거나 육천만 일본인과 함께 전진하는 수밖에 없다." 고마쓰는 그 순간을 이렇게 기록했다. "그물을 치기도 전에 물고기가 먼저 뛰어들었다." 대화는 즉각 신임 통감에게 보고됐다.

8월 16일 이완용이 일본어에 능한 농상무 대신 조중응을 데리고 쌍두마차를 타고 통감 관저를 방문했다. 출입기자들에게는 "도쿄의 수재민 위로 방

문"이라고 했다.(고마쓰 미도리,『명치외교비화明治外交祕話』, '原書房', 1976, p274) 그리고 8월 22일 나라가, 사라졌다. 대한제국 융희제가 이완용과 데라우치가 합의한 합병조약을 어전회의에서 통과시키고 일본제국 천황 메이지에게 나라를 바친 것이다. 고마쓰는 이렇게 기록했다.

'8월 22일은 한·일 관계에서 가장 기념할 만한 하루였다. 오전 10시 도쿄 추밀원 임시회의에서 메이지 천황이 병합조약을 재가하고, 오후 2시에는 한국 정부 어전회의에서 융희제 스스로 병합조약을 가납했다. 이어 데라우치 통감과 이완용 총리가 조약에 조인하고 모든 절차를 완료했다. 데라우치는 병사 한 명도 움직이지 않았고 피 한 방울 흘리지도 않았다. 담판 개시일부터 조약 조인까지 딱 일주일 걸렸다.'(고마쓰 미도리,『명치외교비화』, p295)

국가 판매 가격 150만 엔

병합을 두고 담판을 벌일 때, 데라우치는 황제 순종을 '대공大公(왕보다 아래인 유럽식 제후)'으로 격하시키려 했다. 이완용은 "중국에 조공할 때도 왕王 호칭은 유지했다"고 반대했다. 데라우치는 본국 문의를 거쳐 이를 승인했다.

그리하여, 전문 7조로 구성된 '한일병합조약'이 탄생했다. 1조와 2조는 한국 황제와 일본 황제 사이 통치권 인수인계, 3조는 한국 황실 지위 유지 및 상응하는 세비 지급, 4조는 황실에 기타 자금 제공, 5조는 병합 기여 한국인 표창, 6조와 7조는 한국인을 보호하고 공무원으로 등용. 7개조 가운데 2개 조가 황실의 신분, 경제적 보장 조항이었다.

초대 총독이 된 데라우치는 일본 정부로부터 자작에서 백작으로 승급되고 은사금 10만 엔을 받았다. 이완용은 15만 엔을 받았다. 조중응을 위시한 대한제국 각부 대신들은 10만 엔을 받고 모두 조선 귀족 작위를 받았다.

조약 체결 열흘 뒤인 9월 1일 창덕궁 인정전에서 조선 국왕 책봉식이 열렸다. 천황 칙사가 책봉 조서를 전달했다. 침묵만 흐르는 무언극 같은 책봉식이 끝났다. 국왕은 곧바로 남산 총독관저를 방문했다. 궁내부 일본인 특진관 곤도 히로스케가 오사카『마이니치신문』기자들을 몰래 인정전에 들여보냈다. 샴페인 잔에 거품이 남아 있었다.(곤도 히로스케,『대한제국황실비사』, '이마고', 2007, p104) 황제는 왕으로 격하됐다. 이름은 순종이 아니라 쇼토쿠노미야이왕昌德の宮 李王이었다.

하지만 이왕의 조상을 모신 종묘宗廟와 사직은 사라지지 않았다. 쇼토쿠노미야이왕은 이후에도 정상적으로 종묘에 제사를 올렸다. 조약에 따라 나라는 사라졌지만 구 황실은 이듬해부터 세비도 지급 받았다. '조선총독부통계연보'에 따르면 세비는 1911년부터 1920년까지 150만 엔, 이듬해부터는 180만 엔이었다.(이윤상, 「일제하 조선왕실의 지위와 이왕직의 기능」,『한국문화』40호, 규장각한국학연구원, 2007) 1911~1913 회계연도 조선총독부 세출이 5,046만 9000엔이었으니(박기주, 「식민지기의 세제」,『한국세제사』1편, 한국조세연구원, 2012), 식민지 세출의 2%가 2,000만 조선인의 10만 분의 1도 되지 않는 옛 지배자 가족 손에 떨어진 돈이었다.

황제 순종의 전국 일주

1909년 1월 7일 황제 순종은 이토 히로부미의 강권으로 전국 일주에 나섰다. 1월 7일부터 13일까지 대구~부산~마산~대전, 27일부터 2월 4일까지 평양~신의주~정주~평양~황주~개성을 방문하는 강행군이었다. 이를 각각 남순

1909년 황제의 방문을 기념해 2017년 대구시가 건립한
대구 달성공원 앞의 순종 동상

行南巡幸, 서순행西巡幸이라고 한다. 일장기를 누군가가 찢어버리는 사건도 있었지만, 열차와 신식 자동차를 이용한 황제의 순행은 도착하는 곳마다 대환영을 받았다.

황제를 호종한 이토 히로부미는 가는 곳마다 "폐하의 뜻은 한국의 부강에 있다"고 연설했다. 황제의 권위를 빌려 병합의 본심을 감춘 것이다. 부산에서 일본 군함을 사열하며 충격을 받은 순종은 대전에서 상투를 틀고 나타난 옛 관리들에게 "새롭게 일신할 생각이 없으니 앞으로 어찌할 것인가"라고 꾸짖었다. (이왕무, 「대한제국기 순종의 남순행 연구」, 『정신문화연구』30권 제2호, 한국학중앙연구원, 2007)

권력 없는 조선 황제와 권위만 없는 일본 야심가의 이해가 맞아떨어진 정치 이벤트였다. 이듬해 대한제국 통치 세력이 "그물 치기 전에 고기가 뛰어든" 어처구니없는 일도 '자발적인 병합 유도'라는 히로부미의 로드맵에 예정돼 있는 일이었으니, 안중근의 거사가 조금만 일렀다면 어찌 됐을까.

2017년 대구 중구청은 그 황제의 남순행을 기념하는 순종 동상을 달성공원 입구에 세웠다. '흑역사도 역사'라는 명분이라고 주장하지만, 그 동상을 보면 어이가 없다. 흑역사는 보이지 않고 찬란하게 번쩍이는 황제만 보인다.

황족의 종언, 왕공족의 탄생

이집트, 베트남처럼 제국주의 식민지로 전락한 나라 군주들은 어김없이 평민으로 강등되고 재산을 박탈당했다. 대한제국은 달랐다.

병합과 함께 대한제국 황실은 이왕가李王家라는 명칭으로 순종의 직계는 천황가의 일원인 왕족, 그 형제들은 공족으로 대우받았다. 옛 궁내부를 대신한 이왕직이 왕공족 재산과 신분을 관리했다. 왕공족의 지위는 일본 황족에 준하는 것이었다.(이왕무, 「대한제국 황실의 분해와 왕공족의 탄생」, 『한국사학보』64호, 고려사학회, 2016)

신분은 일본의 왕족보다 높았고 재산 또한 막대했다. 1930년 9월 2일 자 총독부 자료 '이왕가추가예산설명'에 따르면 그해 이왕가 재산은 유가증권으로 60만 7,778엔, 부동산은 논, 밭, 대지, 임야 모두 합쳐서 772만 6,091엔어치를 가지고 있었다. 여기에 매년 들어오는 세비가 150만 엔이었고, 불시적인 행사에는 추가예산이 투입됐다. 1921년 예산은 100만 엔이 늘어난 257만 3,425엔에 달했다.(김명수, 「1915~1921년도 구황실 재정의 구성과 그 성격에 관한 고찰」, 『장서각』35집, 한국학중앙연구원, 2016)

황실은 그렇게 길들여졌다. 폭력으로는 유지가 불가능했을 황제에 대한 관성적인 복종심을 위해 총독부가 황실을 살려둔 것이다. 황실이 이용한 것이기도 했다. 국가는 처분됐고 종묘와 사직은 보전됐다. 통감부 2인자 고마쓰가 경악할 정도로 그들은 적극적이었다.

왕공족의 식민 일상

순종, 쇼도쿠노미야이왕은 병합 두 달 뒤인 1910년 10월 27일 고종이 사는 덕수궁으로 가서 왕비 민씨 육순 탄신일을 축하했다. 고종 사후에는 홍릉도 수시로 찾았다. 가끔 총독관저에서 만찬을 하고 영화를 구경했다. 1910년부터 1926년 사망 때까지 종묘를 찾은 횟수는 17회였다.

1917년에는 조선 건국의 성지인 함흥 본궁을 찾았다. 조선 500년사에 유례없던 행차였다.(이왕무, 「1910년대 순종의 창덕궁 생활과 행행 연구」, 『조선

스코틀랜드 전통 남성용 치마 킬트를 입은 군인에게 안내를 받고 있는 영친왕 이은. 1927년 유럽 순방 중 촬영한 사진으로 추정. 이은은 순종이 죽고 쇼토쿠노미야이왕(昌 德宮の李王)을 물려받았다. [국립고궁박물관]

시대사학보』69집, 조선시대사학회, 2014) 조선 종묘사직의 향불은 일본 황실이 해체되는 1945년까지 끊어지지 않았다.

병합 3주년을 맞은 1913년 8월 29일 자 총독부 기관지『매일신보』는 고종의 일상을 이렇게 전한다. '옥돌장玉突場(당구장)에 나가서 공을 치시는데 극히 재미를 붙여 여관女官들을 함께하신다. 여름에는 서늘한 때에 석조전에서 청량한 바람을 몸에 받으시며 내인들을 데리고 이야기도 시키고 유성기 소리도

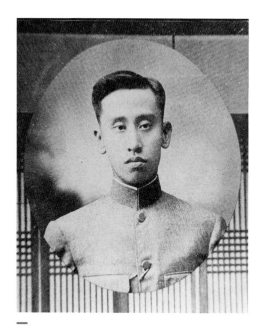

고종의 5남 의친왕 이강. 다른 가족과 달리 배일(排日) 독립 활동을
했다. 아들 이우는 히로시마 원폭 투하 때 사망했다. [국립고궁박
물관]

즐거워하신다더라.'

1913년에는 고종 회갑연이 성대하게 열렸다. 원래는 1912년이었으나 그
해에 일본 천황 메이지가 죽어 잔치를 연기했다. 광교와 다동기생조합 소속
예기藝妓들이 잔치에서 노래하고 춤을 췄다.(김영운, 「1913년 고종 탄신일 축
하연 악무 연구」, 『장서각』 18집, 한국학중앙연구원, 2007)

고종의 7남 영친왕 이은은 1907년 고종 퇴위 직후 일본으로 건너갔다. 왕
족으로 살며, 왕족 의무 규정인 군에 입대해 중장까지 진급했다. 1927년에는
일본 백작 신분으로 유럽을 순방했다.

마치 나라에 아무 일이 일어나지 않았던 것처럼 왕공족들은 살았다. 순종을 위시한 조선 왕공족은 일본 황실의 책봉을 받은 후 그 일원이 되어 왕실 일가의 안위만을 위해 존재한 것이 아닌가 하는 의구심이 들 정도의 모습을 보여주었다.(이왕무, 「1910년대 순종의 창덕궁 생활과 행행 연구」) 한 사람은 달랐다. 고종의 5남이자 순종의 배다른 동생 의친왕 이강이다. 미국 유학파인 이강은 끝까지 배일 독립을 주장했다. 1919년 11월 상해임시정부가 이강을 망명시키려다 발각됐을 때, 이강은 이렇게 주장했다. "나는 독립된 우리나라의 평민이 될지언정 일본의 황족이 되는 것을 원치 않는다."(김병조, 『한국독립운동사략』 상편 14장, 「내외인사의 독립정신거익투발」, 1920, 아세아문화사 1977 복간, p211) 이강은 아들 이우를 일본 황실 반대를 무시하고 조선 여자와 결혼시켰다. 아버지를 닮았던 아들 이우는 1945년 히로시마에서 폭사했다. 이왕가 재산은 해방 후 국유화됐다.

그리고 1919년 고종이 죽었다. 조선인 심장에 아직 남아 있던 의무적인 복종심이 두근거렸다. 그 위로 무단정치 10년 동안 숨죽였던 안중근의 결기가 고동쳤다. [땅의 역사]

04 해주 청년 정재용이 선언문을 읽었다, 세상이 바뀌었다

기미년 그 날 4
: 그날 조선은 무엇을 했는가

북한산 정상 백운대에는 1919년 3월 1일 서울 파고다공원에서 독립선언문을 낭독한 정재용이 새겨놓은 암각이 있다. '독립선언문을 최남선이 짓고 정재용이 읽었다'는 내용이다. 오른쪽은 암각 내용.

獨立宣言紀事
己未年二月十日朝鮮獨立宣言書作成
京城府〇〇〇町〇〇〇〇   六堂 崔南善 也
                              庚寅生
己未年三月一日 塔洞公園 獨立宣言萬歲導唱
          海州 首陽山人   鄭 在 鎔 也
                              丙戌生

해발 836m인 북한산국립공원 최정상 백운대에는 태극기가 꽂혀 있다. 힘든 산행에 성공한 사람들은 그 태극기를 배경으로 사진을 찍는다. 그런데 사람들 발치에는 나무 울타리가 쳐져 있고 울타리 안에는 한문 69자가 새겨져 있다. 비바람에 깎여 몇 자는 보이지 않으나, 내용은 이렇다.

'기미년 2월 10일 경성부 ○○정에 사는 경인년생 육당 최남선이 조선독립선언서를 작성하고 병술년생 해주 수양산인 정재용이 기미년 3월 1일 탑동공원에서 독립선언 만세 합창을 이끌었다.'

1919년 3월 1일 서울 파고다공원(현 탑골공원)에서 조선독립선언서를 낭독한 황해도 사람 정재용이 새긴 글이다. 근대 100년 사상 최초, 최대로 조선 민중이 일치된 행동을 보였던 그 기미년 만세운동의 기록이며 그 자체가 역사인 기념물이다. 조선 민중이 스스로 근대인近代人임을 선언한 역사적인 날, 조선에서는 구체적으로 아래와 같은 일들이 벌어졌다.

민족자결주의와 손병희

1918년 미국 대통령 우드로 윌슨은 1차 세계대전 패전국 피식민지에 대해 '민족자결주의' 원칙을 선언했다. 승전국 치하 피식민지에 대해서는 언급이 없었지만, 그때 조선 독립지사들은 독립의 기회로 생각했다. 2월 1일 만주, 연해주, 미국에서 활동하던 운동가들이 독립선언서를 발표하고('무오독립선언') 2월 8일에는 일본 도쿄에서 유학생들이 또 독립선언서를 발표했다.

조선에서 벌어진 독립선언은 준비가 전광석화 같았다. 천도교 지도자 의암 손병희의 비서 이병헌(당시 25세)에 따르면, 1월 16일 천도교 3대 교주 손병희가 오세창과 최린에게 "천재일우의 때를 만났다"며 거사를 준비했다. 25

일 중앙학교 숙직실에서 손병희와 교장 송진우, 교감 현상윤이 회동하고 다음 날 최남선이 합류해 선언문을 준비했다. 최남선은 또 다른 민족지도자 임규의 집에 틀어박혀 선언문 집필에 들어갔다.

이완용, "내가 어찌 여기에 동참을"

그리고 '구한말 대신급 인물'들도 교섭해 동참을 권유했다. 첫 번째 인물은 박영효였다. 손병희가 직접 찾아간 박영효는 이렇게 말했다. "일본이 헌법을 고치게 되면 우리도 참정권을 갖게 된다."

일본 황실로부터 조선 귀족 후작 작위와 은사금 28만 원을 받은 최고위 귀족에게 손을 내밀었으니, 손병희는 간이 큰 사람이었다. 조카 이회구가 찾아간 이완용은 취지서를 들고 아무 말 없이 방으로 들어가버렸다. 함께 간 이병헌이 "괜히 일을 당하는구나" 하고 식은땀을 흘리고 있는데, 이완용이 커피를 들고나와 이렇게 대답했다. "합방 조인에 도장 찍은 내가 여기에 도장 찍는다고 누가 믿겠는가."(이병헌, 1969년 3월 1일『중앙일보』, '삼일운동 당사자 좌담') 경남 거창에 있는 유림 곽종석을 찾아갔던 한용운은 동참 의사를 받아내지 못했다. 결국 선언에 동참한 대표는 천도교, 기독교, 불교계 인물 33인으로 확정됐다.

"수절할 생각 말고…"

최남선이 최종 원고가 완성됐다고 연락을 했다. 임규의 집으로 찾아간 중앙학교 교감 현상윤에게 일본 여자가 선언서를 건네줬다. 2월 25일 최남선은 직접 활자판을 엿판 아래 숨겨 가위를 두드리며 운반해 천도교 인쇄소인 보성

백운대 가는 길. 정재용은 이 험한 길을 올라가 산꼭대기 바위에 역사를 기록했다.

사(현 조계사 경내)에서 인쇄했다. 인쇄된 선언문은 가마니에 싸서 수레로 인사동 천도교 본부로 운반됐고, 곧바로 전국으로 배포됐다. 연락을 받고 상경한 황해도 해주읍 감리교회 전도사 정재용은 선언서 100부를 신문지에 말아 경성역에서 원주 교회 전도사 곽명리에게 전달했다. 정재용은 한 장을 아무 생각 없이 주머니에 집어넣었다. 또 다른 민족지도자 김지환은 개성 책임자로 임명되자 아내에게 "내가 죽으면 수절할 생각 말고 시집가서 잘살라"고 유언했다.

3월 1일 파고다공원, 그리고 정재용

거리에 운집한 사람들은 분노해 있었다. 옛 황제 고종은 생전에 아들 영친왕 이은을 일본 귀족 딸에게 장가보내기로 결정했다. 1월 25일로 예정됐던 결혼식은 고종의 급서로 연기된 상태였다. 그런데 급서한 옛 황제 장례를 일본식으로 치른다는 발표는 조선 민중의 자존심을 무자비하게 파괴해버렸다. 분노는 옛 군주에 대해 남아 있던 의무적인 복종심과 배신감과 9년을 지속한 압제에 대한 저항심이 혼재한 분노였다.

여기에 학생들이 독자적으로 탑골공원에서 집회를 갖는다는 소식에, 민족대표들은 2월 28일 밤 파고다공원 공개 선언식을 인사동 태화관 회동으로 급변경했다. 혈기왕성한 학생들의 희생을 막자는 취지였다.(국사편찬위원회, 『한민족독립운동사자료집』11,「권동진 신문조서」)

정작 파고다공원에는 고종 장례 구경을 온 시골 노인들이 대부분이었다. 오후 1시 30분 갑자기 북문(현 낙원상가 쪽 작은 문)으로 학생들이 쏟아져 들어왔다. 순식간에 4,000명이 넘는 군중이 원각사지 10층석탑 주변에 모여들었다.(고춘섭,『수양산인 정재용 전기』, 수양산인기념사업회, 2008, p23) 저주파의 정적이 흘렀다.

문득, 팔각정에 서 있던 정재용이 무심결에 호주머니에 손을 넣었다. 원주로 보낼 선언문 가운데 빼놓았던 한 장이 집혔다. 서른셋 먹은 정재용은 홀린 듯 선언문을 꺼내 큰소리로 외쳤다. "조선독립선언문!" 훗날 정재용이 회상했다. "'조선'이라는 말은 없었는데, 그냥 말이 튀어나왔다. 그러자 사람들이 환호성을 올리며 모자를 날리고 발을 구르며 '조선독립만세'를 불렀다. 누군가가 모자를 지팡이에 걸어 정문으로 걸어 나갔다. 군중이 모두 공원 밖으로 밀

1954년 1월 7일 독립선언문을 읽은 정재용과 선언문을 작성
한 최남선이 파고다공원에서 찍은 사진 [정재용 후손 정성화]

려나갔다.”(정재용, 1969년 3월 1일 『중앙일보』, '삼일운동 당사자 좌담')

바위에 새긴 역사

그리된 것이다. 마치 귀신에 씐 듯 그 무시무시한 서류를 따로 챙긴 해주 청
년 정재용이, 역시 무슨 지령이라도 받은 듯, 우왕좌왕하는 참석자 한가운데
에서 선언문을 낭독해 각성覺醒의 봇물이 터져버린 것이다. 정재용은 이후 고
향 해주에서 독립운동을 하다가 2년 넘도록 옥고를 치렀다. 정재용은 1936년
8월 조선일보가 주최한 백두산 탐방대 일원으로 아버지와 함께 '민족 영산 백
두산'을 방문했다. 해방 후 그는 건국준비위원회 해주 위원장으로 잠시 일하

다가 월남했다.

정재용은 날짜를 알 수 없는 훗날 북한산 백운대에 '최남선이 쓰고 정재용이 읽었다'는 내용의 역사 기록을 암각으로 남겨놓았다. 정재용의 손자 정성화는 "백운대 산장 사람들 증언에 따르면 암각 시기는 일제강점기 어느 시점"이라고 했다.

3월 1일 '사면독립만세' 덕수궁

1919년 3월 1일은 누군가에게는 대각성의 날이었다. 그 전날까지 통곡소리로 가득하던 광경은 돌변해 있었다. 치마를 짧게 입은 젊은 여학생과 혈기 왕성한 남학생이 비장한 목소리로 연설을 하고 있었다. 수천 군중이 (덕수궁을 향해) 바닷물처럼 밀려오고 있었다. 그들은 침착하게 질서를 지키고 있었고 작은 폭력조차 일으키지 않았다.(곤도 시로스케, 『대한제국 황실 비사』, 이마고, 2007, p280-281)

파고다공원에 들렀던 유림 김창숙 일행에게 사람들은 "나라 망친 놈들이 왜 여기 왔냐"고 욕설을 퍼부었다. 고종 장례를 위해 상경한 유림 김황에게 누군가 『조선독립신문』이라는 신문을 던지며 "정신 차려라!"고 고함을 질렀다.(서동일, 「김황의 일기에 나타난 유림의 3·1운동 경험과 독립운동 이해」, 『한국독립운동사연구』64, 한국독립운동사연구소, 2018)

옛 황족, 그러니까 식민치하 왕공족王公族은 더 무심했다. 당장 이틀 앞으로 다가온 '도쿠주노미야 이태왕德壽の宮 李太王'의 국장이 우선이었다. '대한독립', '민족자결', '세계평화' 같은 글귀가 적힌 깃발이 궐 밖에 펄럭이고 대한문을 지키는 보초들까지 내심으로 환영하며 이들을 들여보내던 상황이었다.

하지만 궁 안은 적막할 정도로 조용했다. 사정을 잘 모르는 상궁들까지 제각각 "이제 조선은 독립이 되었습니다. 경하드립니다. 전하! 전하!"라고 전할 정도였다. 하지만 두 분(순종과 영친왕) 전하께서는 침착하게 그들의 경거망동을 나무라셨으나 때때로 시종을 보내 상황을 살펴보게 하셨다. 사면초가가 아닌 사면독립만세 소리였다.'(곤도 시로스케, 앞 책, p280-283)

스스로 선언한 새 시대

4월 28일 영친왕은 예정대로 일본 황족 나시모토노미야 마사코와 결혼식을 치렀다. 하지만 조선 민중은 관심이 없었다. 당시 대표적인 혐한파 일본인 호소이 하지메細井肇는 이렇게 기록했다.

'단언컨대 이왕가는 현재 조선인의 어떤 계급, 어떤 인물의 뇌리에도 존재하지 않는다. 이조의 명신이라 해도 유림의 고로기숙(故老耆宿·인습에 젖은 늙은이와 덕망 있는 노인)이라고 해도 이왕가에 대해 아무런 관심도 없다.' (호소이 하지메,『선만의 경영』, 1921:『3·1운동 100년』2, 휴머니스트, 2019, p59, 재인용)

4월 11일 중국 상해에서 독립운동가들은 임시정부를 수립하고 공화국을 선포했다. 그해 9월 11일 조선과 연해주에 각각 활동하던 임시정부가 통합됐다. 조선총독부는 9년간의 폭력적 무단통치를 종식하고 개량적인 문화통치로 선회했다.

일본 천황의 일족으로 연명하던 옛 황실이 완전히 부정당하고 이토 히로부미가 희구한 완벽한 민족 말살 계획이 무위로 돌아간 날이었다. 조선 민중이 근대정신으로 무장하던 날이었다. 새 세상의 시작이었다. 🔲

답사 안내

* 각 장별 중요 답사지 주소 및 검색어입니다. 답사지가 없는 장은 제목만 표시했습니다.
* 대중교통은 인터넷으로 검색해주세요.
* 모든 장 이야기 배경이 여행하기 좋은 곳들만은 아닙니다. 답사할 곳이 전국으로 흩어져 있는 경우도 있습니다.
* 2020년 이후 대한민국을 지배 중인 코로나 바이러스 탓에 답사가 불가능한 곳도 있습니다. 꼭 미리 체크해주세요.

1장 비밀

1-3. 남연군묘의 비밀

• 예산 남연군묘: '남연군묘' 혹은 충남 예산군 덕산면 상가리 산5-28. 묘 앞에 주차장이 있다.
• 예산 상가리 미륵불: '상가리미륵불' 혹은 충남 예산군 덕산면 상가리 26-1. 대원군이 가야사 불지를 때 돌아섰다는 그 석불. 사실은 아니다.
• 보령 남포읍성: '남포읍성' 혹은 충남 보령 남포면 읍내리 378-1. 안쪽 오른편에 있는 선정비들을 볼 것.
• 예산 김정희 공덕비: 충남 예산 '대산종합시장' 건너편 도로변 산기슭. 상가 쪽에 차를 대놓고 사거리 횡단보도를 건너면 왼쪽 산기슭에 계단이 나온다.
• 홍천 가평요와 말차: 강원 홍천군 서면 모곡리 228-7. 청곡 김시영 장인 가족이 검은 유약을 두껍게 바른 다완 작품 도요지. 말차 역사 및 다도와 작품 감상. 예약 필수.
  www.kimsyyoung.com

4-6. 경복궁 석물의 비밀

• 서울 경복궁
  -품계석: 근정전 앞. 특히 오른쪽 줄 정3품 품계석은 옥(玉) 무늬가 완연하다.
  -간의대: 궁궐 서북쪽 끝 태원전 자리
  -영제교: 광화문 뒤 첫 번째 문인 흥례문과 근정문 사이에 있는 다리. 동쪽에 있는 석물 천록은 등에 난 구멍을 메운 흔적이 있다.
  -양버들: 경복궁 주차장 입구에 서 있다.
• 서울 남별궁: 현 원구단(안내판에는 '환구단'으로 표기돼 있다) 자리
• 서울 효자동 플라타너스: 경복궁 서쪽 청와대로 뚫린 효자로 도로 양편

7. 서점 없는 나라 조선과 책쾌(冊儈)들의 대학살

- 서울 경희궁: '경희궁'을 검색하면 된다.
- 서울 이윤탁 한글 영비: '이윤탁한글영비' 혹은 서울 노원구 하계동 12. 주차장 없다.
- 포천 인흥군 묘계비: '인흥군 묘' 혹은 경기 포천시 영중면 양문리 산18-6. 한글이 새겨진 묘계비는 인흥군 묘 가기 전 밭 한가운데에 있다. 조금은 잘 찾아봐야 한다. 낚시터 뒤편에 있는 인흥군 묘 또한 볼 것이 많다. 노론 거두 송시열, 그리고 그 대척점에 서 있던 이경석(삼전도비 비문 저자)이 쓴 인흥군 신도비 2개가 함께 서 있다.

8. 혐한론자 소동파와 그를 짝사랑한 한국인

9. 등극 8일 만에 쫓겨난 중종비 단경왕후릉의 비밀

- 온릉(단경왕후릉): 경기 양주시 장흥면 일영리 13-2. 월요일 휴무
- 정릉(중종릉): 서울 강남구 선릉로100길 1 선정릉. 선릉은 성종 부부릉, 정릉은 중종릉이다. 둘 다 임진왜란 때 일본군에 의해 도굴돼 시신이 없다.
- 희릉(장경황후릉): '서삼릉' 혹은 경기 고양시 덕양구 서삼릉길 233-126. 월요일 휴무
- 조광조 유허비: '정암 조광조선생 적려유허비' 혹은 전남 화순군 능주면 남정리 173-3

10. 집단 아사한 도공 39명과 첨단 요업 국가 조선의 몰락

- 광주 분원리 백자자료관: 경기 광주 남종면 산수로 1642-1. 각종 선정비들을 볼 것. 전시도 볼만하다. 월요일 휴무 ☎031-766-8645
- 번천리 가마터: '광주조선백자요지' 혹은 '광주조선백자요지 상번천리요지보호각'. 경기 광주시 남한산성면 해공로 91. 소박하지만 알차게 만들어 놓았다. ☎031-760-2067(개방은 전화 문의)

11. 역관 집단의 밀수 행각과 산업스파이 사건

- 서울 광희문: 서울 중구 광희동2가. 주변에 무속인 가게가 많다.
- 초량왜관 터: 부산 용두산공원 일대. 공원으로 오르는 돌계단도 왜관 흔적이고 에스컬레이터 옆 절도 옛 왜관 시절 절 자리다. 공원 아래 시가지 구획은 왜관시대 시가지 그대로다.

12. 조선왕조 불교 탄압기

- 원주 거돈사지: '거돈사지' 혹은 강원 원주 부론면 정산리 188. 되도록 바람 불고 어두운 날에 가시라. 폐사지의 먹먹함이 있다.
- 양주 회암사지: '회암사지' 혹은 경기 양주 회암동 18. 대한민국에 이런 큰 절도 있었구나, 하고 놀란다.

- 양산 통도사 지역혁파비: '통도사' 혹은 경남 양산시 하북면 통도사로 108. 절 자체가 대단한 답 사지다. 지역혁파비 정식 명칭은 '덕암당혜경지역혁파유공비'. 통도사 부도원 가운데에 있다. 주 차장에서 대웅전 반대 방향.

2장 진실 – 조작된 신화

1. 정약용을 둘러싼 조작된 신화
- 남양주 다산정약용선생유적지: '다산정약용선생유적지' 혹은 경기 남양주 조안면 다산로747번 길 11. 강변 산책로도 좋다. 다산 묘와 실학박물관도 있다. 월요일 휴무

2. 이순신, 도고 헤이하치로 그리고 세계 4대 해전
- 아산 현충사: '현충사' 혹은 충남 아산 염치읍 현충사길 126. 월요일 휴무
- 충무공묘: 충남 아산 음봉면 고룡산로 12-38 ☎ 041-539-4600
- 목포 고하도: '고하도이충무공유적지' 혹은 전남 목포시 고하도길 153. 백의종군 후 복귀한 조 선해군 총사령관의 사당이 있다. 쓸쓸하다.

3장 진실 – 호란과 사대

1. 1624년 이괄의 난과 인조의 황당한 도주 행각
- 공주 공산성: '공산성' 혹은 충남 공주시 금성동 53-51. 설날 및 추석 당일 휴무다. 성 전체가 굉 장한 답사 목적지. 쌍수정은 꽤 많이 올라가야 한다. 주차장 있다.
- 자하문(창의문): 서울 종로구 청운동 산 1-1번지. 윤동주문학관 인근이다.

2. 병자호란과 외교관 박난영의 어이없는 죽음
- 서울 삼전도비: '삼전도비' 혹은 서울 송파구 송파나루길 256 석촌호수. 석촌호수 사거리에서 롯데 매직아일랜드쪽 모서리의 거대한 비각이다.
- 광주 남한산성: '남한산성' 검색. 인조 무리가 항복할 때 이용한 서문 '우익문'은 성 안과 밖에서 두루 봐야 그 면모를 볼 수 있다.

3-4. 국난에 대처한 세 가지 자세 1, 2
- 남양주 석실마을: '김상헌선생묘' 혹은 경기 남양주시 와부읍 석실로336번길 11-63
- 청주 최명길 묘: '최명길선생묘소' 혹은 청원구 북이면 대율리 253-3. 주차장 넓다. 비석을 반드 시 볼 것.

- 강화도 연미정(정묘호란 강화지): '월곶돈대', '강화도 연미정' 혹은 강화군 강화읍 월곶리 242. '초지대교~초지진~덕진진~광성보~월곶돈대'로 연결된 근대사 답사 코스!

5. 국난에 대처한 세 가지 자세 3: 송시열 & 6. 북벌을 거부한 송시열과 화양동 만동묘

- 충북 화양계곡: '화양계곡', '화양동계곡', '화양구곡' 검색. '만절필동', '대명천지 숭정일월' 암각과 만동묘. 식당 몇 개가 몰려 있는 곳에 화양서원과 만동묘. 계곡에서 더 들어가면 '첨성대'라는 절벽이 나오는데, 개울가 절벽 아래에 '대명천지 숭정일월' 암각. 참으로 '볼만하다'. 첨성대 뒤편 급한 등산길로 10분 정도 오르면 정면 절벽에 '만절필동' 암각이 보인다. 역시 '볼만하다'.
- 박세당 고택: '서계고택' 혹은 경기도 의정부시 동일로 128번길36. 박태보(『땅의 역사』 3권 참조)와 박세당 묘가 이 고택 안에 있다. 고택 체험도 가능. ☎ 031-836-8600

7. 망해버린 명나라에 200년간 제사 지낸 창덕궁 대보단(大報壇)

- 창덕궁 대보단: 후원 구역에 있다. 대한제국이 망하고 덕수궁(경운궁)에서 창덕궁으로 옮긴 선원전(역대 왕 초상화 봉헌 공간) 뒤편. 일반에 아직 미공개. 학술, 취재 등 명분이 있으면 창덕궁 관리소(www.cdg.go.kr)에 단체 답사 신청 가능.
- 원구단: 서울 소공동. 서울시청 동쪽, 덕수궁 맞은편 웨스틴조선호텔 구내. '단(壇)'이 있던 자리는 호텔로 변했고, 현재 남은 건물은 천제 때 필요한 위패, 제기를 모신 황궁우다.

8. 1698년 대기근과 청 강희제의 곡식 원조

- 부여 대재각: '부산각서석' 혹은 규암면 진변리 산3-1. '부산서원' 부근에 차량 주차 후 강변으로 걸어가 길 끝에서 '왕흥사지' 이정표 따라 왼쪽 길로. 길 끝에 나무계단이 있고, 계단 끝 15m 오른쪽으로 오솔길이 있다. 오솔길 중간은 철계단이다. 찾기 쉽지 않다.
- 부소산성: '부소산성' 검색. 산성에서 백마강 건너로 대재각이 보인다.

4장 진실 – 영정조 흑역사

1. 무법천하 막장정치 영조·노론 연합정권

2. 개혁군주 영조의 '내로남불'

3. 정조의 인사 실패와 세도정치

- 이천 김좌근 고택: 경기 이천 청백리로393번길 100-131(백사면 내촌리 222-14). 문이 잠겨 있기도 한데, 문 옆으로 출입할 수 있는 공간이 많다.
- 이천 김조순 묘: 경기 이천 부발읍 가좌리 산56-27. 평소에는 문이 닫혀 있다.

<u>5장</u> 진실 – 시대의 갈림길

1. 기미년 그 날 1: 고종은 무엇을 했는가

- 남양주 홍릉: '홍유릉' 혹은 경기 남양주 홍유릉로 352-1(금곡동 141-1). 홍릉은 고종, 유릉은 순종 릉. 월요일 휴무. '황제'의 무덤이 어떻게 생겼는지 볼만함.
- 서울 러시아공사관: '러시아공사관' 검색. 6·25 때 다 파괴되고 망루만 남아 있음.

2. 기미년 그 날 2: 안중근은 무엇을 했는가

- 서울 효창공원: '효창공원' 검색. 안중근 허묘는 삼의사(三義士) 묘역에 있다.
- 하나 더, 덕수궁 정관헌 뜰: 이 장 첫머리에 나오는 '두 집이 하나 되니 좋아 죽겠네~'라는 시를 새긴 비석이 이 뜰에 묻혀 있다. 언젠가는 이 비석을 햇빛 아래 끄집어내야…

3. 기미년 그 날 3: 왕족들은 무엇을 했는가

- 남산 통감관저터: 서울 중구 퇴계로26가길 6(중구 예장동 2-1). 정신대 여성들을 기리는 '기억의 터'로 조성돼 있다. 을사조약 일본 측 주역인 하야시 곤스케 동상 대좌가 거꾸로 박혀 있다.

4. 기미년 그 날 4: 그날 조선은 무엇을 했는가

- 서울 탑골공원: '탑골공원' 검색.
- 서울 세검정: 서울특별시 종로구 신영동 세검정로 244. 주차공간 없음. 개울 아래에 산책로 있음. 산책로는 홍제천을 따라 한강까지 이어지니, 체력 자신 있는 사람은 도전해볼 것.
- 북한산 백운대: '도선사 코스'가 가장 짧고 빠르다. 깔딱고개가 한두 군데가 아니니, 반드시 물과 간식 챙겨 갈 것. 마지막 백운대 정상 직전에 너른 반석이 있다. 만세운동 암각은 그 꼭대기다.